Ulla Berkéwicz
Adam

Suhrkamp

Erste Auflage 1987
© Suhrkamp Verlag Frankfurt am Main 1987
Alle Rechte vorbehalten
Druck: Wagner GmbH, Nördlingen
Printed in Germany

Adam

Sie sieht ihn, und er sieht sie, und er sagt: Das bin ich, und sie sagt: Wir können uns lieben.

Ich hab den Film x-mal gesehn, die Wohnung ist leer, die Rolläden runter, draußen ist Mittag, drin ist nichts. Sein Gesicht läuft ihm weg, ihr Mund verliert Rot, die Wirklichkeit dringt, wohin sie will, und setzt auf ihren Grund auf. Die Arme, die Beine, die weiße Haut, die braune Haut, die rosa, das Rote, das Harte, das Weichste der Welt.

Die Geschichte hat Richtung und Ziel, sie essen nicht, sie schlafen nicht, sie fragen nicht und sagen die alten Worte: Komm mit deinen kleinen Händen, sagt er, und unablässig werden ihre Hände größer, kommen und gehn zu seinen hin und gehen um und hin mit seinen, wo das Gedächtnis nicht mehr ist. Und das Ende findet den Anfang wieder und wieder, bis der Anfang das Ende gefunden hat.

Wieland sagt: Ich kenn den Film.
Klaus sagt: Ich nicht.
Die Seelen paaren sich, sagt Wieland.
Und wie geht das aus, fragt Klaus.
Der Lautsprecher rauscht: Probenende ›Lilofee‹, Umbau auf Abendvorstellung ›Lore Lay‹.

Was red ich denn? Was sag ich denn? Was geht hier im Theater denn mein Film an?

Ich sage: Sie rennt weg und er ihr nach und dann siehst du sie, wie sie auf ihn schießt, und dann siehst du ihn, wie er sie ansieht. Ich denke immer, er denkt: Gib mir doch deinen kleinen Finger noch, und dann kippt er übern Balkon, oder wie geht der Film?

Frauen, sagt Franz.

Aber den Film hat ein Mann gemacht, sagt Hanz.

Aber der Mann war schwul, sagt Zara.

Ideal, sagt Klaus, ich geh ins Kino.

Wieland sagt: Er lief vor fünfzehn Jahren im Esplanade.

Jetzt läuft er höchstens noch im Vorstadtnacht-programm, sagt Amsel.

Probenende. Hanz und Franz, Amsel und Zara gehn. Klaus geht auch und Wieland auch.

Hab ich mich jetzt nackt gemacht?

Probe aus, Scheinwerfer aus, Arbeitslicht fegt alles weg, was nicht ist. Was bleibt, das ist und steht mit beiden Beinen auf verkratztem Büh-nenboden.

Sie schreien, sie bauen um. Schreien immer,

wenn sie umbauen, schreien überall, wo umgebaut wird, müssen schreien, weil unten immer welche sitzen, die uns zuhörn, wenn wir oben flüstern, und weil sie nicht mal flüstern dürfen, wenn wir schreien, schrein sie jetzt.

Probe aus, die andern weg, Lichtbrücken unten, Züge lasch vom Schnürboden, Stellwände kreuz und quer, Zuschauerraum Licht, Faune und Nymphen an den Rängen und Balkonen, Gips.

Der Eiserne kommt runter. Es bimmelt. Totenglöckchen, Totenacker, am Ende vom Bild steht der Glockenturm mit der Bimmel. Überall, wo es Eiserne Vorhänge gibt, bimmelts, wenn sie runterkommen.

Die letzten drei Meter fällt er immer wie ein Vorhang, bis dahin fährt er langsam ab. Dann zittert er, weil er schwer ist, weil er aus Eisen ist, weil er die unteren von den oberen Räumen trennt, die, wenn der Zauber funkt, zusammenhängen. Trennt oben von unten, hüben von drüben, Kopf von Rumpf. Wie bei dem blonden Mädchen.

Die Geschichte vom Blonden Mädchen, das der Eiserne in Kopf und Rumpf getrennt hat, erzählt hier jeder. Es war Premiere, lange her, kaum einer, der jetzt noch hier ist, war damals schon da. Aber der Eiserne war derselbe. Sie haben ihn nicht zerhackt und weggeschmissen, nur unten abgewaschen haben sie ihn.

Es war beim Schlußapplaus. Das Blonde Mädchen soll vom zweiten Rang gekommen sein, zwei Treppen runter, durchs Parkett, bis an die Rampe, bis vor seinen Star. Das Kleid wird blau gewesen sein zum blonden Haar, die Augen auch, die Adern auch. Die Premiere soll ein Erfolg gewesen sein, das Publikum soll geschrien haben, sie hätten Blumen hochgeworfen, Arme voll. Das Blonde Mädchen wird zwei weiße Blumen festgehalten haben und nicht geschrien haben, nur weiß dagestanden, die dünnen Arme hoch. Das Publikum soll den Star immer wieder rausgerufen haben, und er soll immer wieder aufgetreten sein, und dann soll er die roten Blumen nicht mehr aufgehoben haben. Das wird das Zeichen für den Eisernen gewesen sein. Denn sie haben ihn abgefahren, mitten rein in das Geschrei, kein Mensch konnte das Bimmeln hören. Das Blonde Mädchen wird nicht höher hochgesehen haben als bis zu seinem Star, wird nicht gesehen haben, wie der Eiserne oben langsam abfuhr, wird nur gesehen haben: der Star, der Mann, geht rückwärts, rückwärts heißt weg von mir, ich gäb mein Leben! Da werden die blauen Tränen den Mann fürs Leben ganz verwischt haben. Das Publikum soll geschrien haben, weil es gesehen hat, daß der Eiserne runterkommt, daß das Blonde Mädchen rauf auf die Rampe, vor Geschrei das Bimmeln nicht hört, übers Rampenlicht fällt, mit dem Körper noch hier, mit dem Kopf schon da, in beiden vollen Augen nur den Mann, da hat der Eiserne seinen Dreimetersatz gemacht, und dem Star lag der Kopf mit dem blonden Haar vor den Füßen, und der Eiserne war unten blutig, und das Publikum soll noch lange geschrien haben, weil die zwei Arme von dem Körper ohne Kopf mit den zwei weißen Blumen in der einen festen Hand noch lange oben geblieben waren.

Das Deutsche Schauspielhaus, vor drei Jahren weiß gestrichen, ist schon wieder grau. Kein Brief beim Pförtner heute morgen, die Post wird in St. Georg zweimal ausgetragen, kein Brief am Nachmittag. Ich muß die Richtung ändern, statt U-Bahn Bus, sonst fegt der Wind mich weg und klatscht mich hoch ans Zifferblatt der Uhr vom Hauptbahnhof, dann stoßen die großen Zeiger eine Zeit an meine Arme, Beine, Kopf, bis sie vom Werk aus stehenbleiben. Und weil die Uhr nicht weitergeht, kommt morgen früh kein Uhrputzer und kratzt mich ab.

Ich geh zum Taxistand. St. Georg stinkt nach Pisse und nach dem Zeug, das von der Liebe kommt und nicht dazugehört. Dort, wo die Häuser flach sind, ziehts, dort, wo die Straßen breit sind, zieht es die hohen Häuser flach, daß alles flach wird, ohne Widerstand, daß alles zieht vom Wind, den breiten Steindamm soll man meiden.

Das Taxi macht die Tür nicht auf. Ich nehm das nächste. Zum Nonnenstieg, an Floris Haus vorbei.

Der Fahrer spricht im Falsett, alle Hamburger sprechen im Falsett, wer kann einen Hamburger lieben?

Flori ist in seinem Haus verbrannt. Das Haus ist wieder hoch und alles Schwarze weiß. Wo Flori war, da wohnt jetzt wieder wer. Da war er mit der C., der Frau, und dann, danach, allein von ihr, die Stiegen ausgetreten, die Wände aufgekratzt, und dann allein im Regen rings gesessen, im Turmzimmer, wo die Dohlen schrein, und am Ende allein mit dem Feuer zugange.

Da oben wohnt jetzt wieder wer, der hat Gardinen. Aber das Schwarze unter dem weißen Putz hat niemand abgekratzt, und der da oben schläft schlecht hinter den Gardinen von dem Schwarz. Aber soll ich dem Taxi Anhalten sagen und raufsteigen und dem da oben sagen, was er eh nicht glaubt?

Da oben war nichts mehr. Ich habe in der Asche rumgestochert, ein Stück Shakespeare, eine halbe Platte Spanisch, ich hab sie mitgenommen, aufgelegt: Niño, zack, Niño, zack, Niño, Niño – und ein Stück Tagebuch, ich hab es mitgenommen und gelesen. Es ging nur um die C., die Frau.

Er schreibt: Die ganze Geschichte aufschreiben, im Moment die einzige Möglichkeit, mich in Sicherheit zu bringen. Ich denke heute das erste Mal an mich und nicht an sie. Was C. macht, muß mir egal sein, ob sie allein ist oder mit Y., egal. Heute finde ich C. zum ersten Mal wirklich beschissen.

Nach der Euphorie von gestern heute wieder die alte Leier. Ich weiß auch nicht mehr, was ich schreiben soll, es ist immer dasselbe. Ich glaube, es geht C. heute sehr gut, sonst würde es mir nicht sehr schlecht gehn. Sie braucht gar nicht dazusein, ich kann auch mit ihr streiten, wenn sie weg ist. Ich kenne sie ja so gut. Das ist die eine Angst, die ich habe, etwas an ihr noch nicht zu kennen, und die andere, an allem schuld zu sein, weil, immer noch nicht genug aufgegeben! Opfer! Mich opfern, mich aufgeben, nicht nur teilweise, ganz.

Das Taxi fährt gegen den Wind, der Motor ist stark, aber das Blech ist dünn, der Fahrer hält das Lenkrad fest, die nackte Anny Fanny baumelt als Gummiding vom Rückspiegel. Wir sind schon lang an Floris Haus vorbei.

Sein Tagebuch geht weiter: Alles wiederholt sich. Seit zehn Jahren kenne ich das. Gespräche mit L. über das, was mir vor C. wichtig war. Oshima, Jong, Miller, ›Der letzte Tango‹, die einmalige sexuelle Begegnung. Was hab ich davon? Soll ich mit L. schlafen? Lächerlich, durch die 89. Straße zu gehn, in ein fremdes Apartment, ein paar Stunden mit ihr zu schlafen, und weg, nie wieder. Oder Amerika zu verlassen, ohne jemanden berührt zu haben.

Die Sonne geht hier über New Jersey unter.

Vielleicht will ich auch mit L. nicht schlafen, weil ich Angst habe, meine Wut auf C. zu verlieren, den Haß zu lindern, daß ich nicht mehr mit Überzeugung sagen kann: du hast mich verlassen, ich habe sehr gelitten.

Wie werde ich reagieren, wenn sie mich anruft? In Lokalen werde ich sie nicht grüßen, oder nur ganz flüchtig, so, als hätte ich nur noch flüchtige Gedanken für sie, als sei sie nur noch eine flüchtige Erinnerung, die ich dauernd vergesse.

Den ganzen Tag gegangen. Alles durchgegangen, Haß, Mord, Verachtung. Bin wieder da, wo ich nicht sein will, will mich doch abfinden!

Es wird keine Versöhnung geben! Denk nicht an das letzte Telefonat, die Kälte, besuch das Empire State Building! Das schlimmste ist ihre Eiseskälte.

Immer nur ein Denken: Selbstzerstörung, der inszenierte Selbsttod. Ich würde alle meine Sachen, Bücher, Möbel verkaufen und das Geld austeilen an irgendwen. Das Leben auslöschen, keine Spuren hinterlassen, die Zeitungen abmelden, die Verbindung zur Außenwelt beenden. Vor C.'s Haus sich dann erschießen? Schlecht! In der Elbe untergehn? Besser.

9. 8. bis 16. 9. – 40 Tage. Circa 1000 Stunden. 200 Stunden geschlafen, 800 Stunden mit C. gewesen, vielleicht 20 oder 30 ausgenommen.

Zwei Wochen Amerika, nichts seitdem. Die Unsicherheit über ihr Empfinden jetzt gibt mir noch eine Hoffnung, daß es anders sein könnte als es ist.

Nonnenstieg. Im Sommer mag ichs hier. Jetzt streichen sie zwei Häuser rosa gegen das Grau. Reihenhäuser stehn zusammen gegen den Wind, alte erprobte Windhäuser, verschlossene. Die grauen Frauenköpfe lauern, Hauswartsfrauen hinter Kellerfenstern, vergittert, vollgestellt mit kahlen Geranien.

Ich wohne unterm Dach, aber von Juchhee kann keine Rede sein, obwohl ich aus der Luke steigen könnte und über die Dächer wie über die Straße bis vor zur Kreuzung, beinah bis zum Klosterstern. Aber da oben risse mir der Wind Arme und Beine ab, und der bleiche Hamburger Mond würde mir den Rest geben. Gras über die Dächer wachsen lassen!

Vier Treppen hoch, kein Brief im Kasten, der ist groß und leer.

Duschen, schlafen. War krank, konnte nicht schlafen, war hoch im Bett mit den Augen durchs Dunkle durch, als ob der Kranke, um zu gesunden, im Dunkeln sehen muß, warum der Mann nicht anruft. Hab es jede Nacht klingeln gehört, bin gerannt, am Telefon war der freie Ton, vor der Tür höchstens die Müllmänner. Jetzt habe ich die neue lange Schnur, die reicht auch ans Bett, auch ins Bad, ich hörs auch nicht mehr klingeln nachts, ich schlaf auch wieder, aber mit Nachtschweiß.

Ich dusche heiß und kalt, das Telefon neben der Wanne. Wenn Wasser läuft, höre ichs jetzt noch klingeln. Ich dreh das Wasser ab. Ich dreh das Wasser wieder an, dusche kalt, will erfrieren.

Ich telefoniere nicht, ich geh nicht aus der Wohnung, ich geh nur ins Theater, sonst sitz ich hier, lieg da, und wenn ich auf den Balkon will, stelle ich auch im Winter einen Stuhl in die Tür. Wenn ich angerufen werde, und ist nicht er, leg ich auf. Denn der Gedanke, er versucht, es ist besetzt, da läßt ers eben, und der Gedanke, ich ginge freiwillig raus, bloß so aus Schwäche, der Gedanke, ich ginge auf einem Bürgersteig und sein Anruf klingelt durch die leere Wohnung, ich ginge weiter, bloß so, bloß unter andere, daß die mich fragen: Hast du was verloren? Du bist allein und siehst verloren aus. Daß ich nein sagen kann, noch gar nichts verloren, noch jung, noch alles drin. Und zur selben Zeit klingelt sein Anruf, und das Klingeln geht in der leeren Wohnung flöten, ich komme heim, und kein rotes brennendes X in der Luft, kein Zeichen, daß sein Anruf war.

Aber der Gedanke, du rufst an, wir sagen gemeinsam nichts, ich werde dich verlassen, das ist mein letzter Anruf, sagt dein Nichts. Die Pause staut sich. Wer sagt jetzt was? Du sagst: Wie gehts, ich sag: O. k., mein Freund.

Es ist das Tägliche, worauf man sich besinnen muß, was einem täglich hilft, die einfachen Umstände, mit denen man schon als Kind gerechnet hat, die man nicht vergessen darf, die einem wieder einfallen müssen: Tag und Nacht, Essen und Trinken, eine Wohnung, in der alles bekannt ist, der Geruch, die Geräusche, das Licht am Morgen, Mittag, Abend, die Dunkelheit in der Nacht. Im April fangen hier die Vögel an. Die U-Bahn fährt von sechs bis eins alle sieben Minuten, sonntags alle zwanzig, die Glocke vom Klosterstern schlägt jede Viertelstunde einmal und jede ganze so viel, bis sie voll ist und wieder von vorne anfängt.

Ich muß ins Bett. Schauspielerinnen müssen schlafen, wenn sie am Abend die große Rolle haben.
Aber ich kann nicht schlafen. Wie geht der Film? Da treffen sie sich, sehen sie sich und dann sonst nichts, nur Wir, und dann ist Wir vorbei und Ich und Du fängt wieder an. Er geht, und sie geht auch. Die leere Wohnung lassen sie voll mit Wir stehen. Das bleibt da stehn und geht nicht weiter in die Zukunft. Sie kommt von Wir und geht zurück zu Ich, was er nicht kennt, und sie hat keine Ahnung, wo er hingeht. Aber sie treffen sich immer wieder, morgen, übermorgen, in sieben oder vierzehn Tagen. Und wenn die vierzehn Tage um sind, deckt das kurze Wir ihr das lange Ich so dicht ab, daß Ich sich Luftlöcher bohren muß.
Aber sie ist jung und läßt das zu und tut den Brustschmerz nicht betäuben. Liebe, sagt sie sich, und bohrt das nächste Luftloch. Aber er ist nicht jung und kennt das schon, benutzt Barbiturate, weil er den Schmerz nicht will, der hochtreibt, bis über die Baumgrenze, wo die

Luft dünn ist, denn weiß Gott wohin hat er nach dem zweiten oder dritten Absturz die Luft nicht mehr.

Wie geht der Film? Sie kommt nach vierzehn Tagen wieder in die leere Wohnung. Er war seit vierzehn Tagen nicht mehr da. Die Rolläden sind unten wie sonst, wenn er kommt, und das alte Vorhangstück hängt runtergerissen, seit er es mit ihr runtergerissen hat.

Sie setzt sich auf das Vorhangstück und wartet, daß er kommt: Komm zu mir, du sollst wieder jung werden wie du bist. Auch wenn ich dir die Hälfte von mir dazugebe, es lohnt sich für mich, mach dir keinen Skrupel.

Oder wie geht der Film? Der geht so, daß sie wartet, bis sie weiß, daß er nicht gekommen ist. Der Mittag ist vorbei, vor den Rolläden ist der Morgen.

Da läuft sie, glaube ich, durch die Stadt, Autos hören, Farben sehen, Freunde treffen, sich bergen bei was, was vor ihm auch schon ohne ihn war. Sie kriegt keine Luft mehr in der Luft, kein Fitz Hoffnung führt ihr den Finger hoch zum Bohren. Da kommt der erste große Schwindel.

Und dann kommt was hinter ihr her auf sie zu, da galoppiert was: Quo vadis, Liebling?

Am Mittag und danach durch die Nacht durch hatte er nur die Barbiturate genommen, das wars, sonst nichts, oder wie geht der Film? Die wirkten dann nicht mehr. Da war er aufgeschreckt im Schrecken, daß er, wenn nicht mit ihr das Wir, von der Betäubung geschluckt mit dem Lied am Ende ist, hat den Brustschmerz zugelassen, ist losgerannt, in die Wohnung, durch die Wohnung, Brustschmerz zum Springen. Und dann durch die Straßen: Ich galoppiere, hat er gedacht und ihre Fährte gefunden, und jetzt steht er da und sagt ihr: Sag du, was ich nicht sagen kann, weil ich nicht mehr jung bin, und es schon zwei-, dreimal gesagt habe.

Wie geht der Film? Rennt sie da weg, weil er ihre Luft holt, weil er die Worte doch noch sagen will, weil sie sie nicht sagt, weil sie keine Luft mehr hat? Und dreht ihr Schwindel immer schneller und rennt sie immer schneller und er ihr immer nach, und denkt sie, sie erstickt an dem Stickstoff, den er ausstößt, und denkt er: Nur zwei, drei Worte will ich dir sagen, schwache, dünne, die nicht an alte Meineide erinnern, wahre. Und ruft er: Wie heißt du denn, ich liebe, will ich sagen, sag deinen Namen, denn ich will sagen, dich.

Und liegt dann da ein Revolver rum, oder trägt sie ihn im Film schon als Gedanken in der Tasche? Hat sie ihn sich in dem Schwindel vom Morgen besorgt, ohne zu wissen, daß sie ihn dann hat und was damit tun, das Schießen? Drückt nur noch ab, daß der Schwindel stehnbleibt, daß der Stickstoff platzt, wie die Haut und das Fleisch von dem Mann.

Aber ich: keinen Revolver. Zwar der Schwindel und der Brustschmerz und kaum Luft, aber die Haut und das Fleisch von ihm, wo ich doch kenne, wie das fühlt und riecht, wo ich das mitten im Schwindel weiß und nichts vergesse, nie.

Lieber hier in der Wohnung von uns, die ich nicht verlassen kann, weil unsere Wohnung meine Wohnung ist, in der ich wohnen muß, weil ich wo wohnen muß, lieber nicht auf den Kalender sehn, daß ich nicht sehen muß, daß er schon vierzehn Tage her ist. Lieber die kahlen Äste vorm Fenster, und wenigstens wissen, daß sie beim letzten Mal schon kahl waren, daß das letzte Mal nicht Sommer war, daß es nicht so lang her ist, daß es nicht wiederkommt, weil es sich in der Zeit verlaufen hat. Lieber das aushalten, daß die Pappeln so spitz und ohne Zeichen, daß was kommt im Frühling. Lieber schwindlig und mit Brustschmerz atemlos durch den ganzen Film bis ans Ende, wo die alte schwarze Krähe mit Hut und Kopftuch kurzatmig, schwindlig, den Kindern, die ich von ihm bekommen habe oder nicht, erzählt: Es war einmal.

Das ist doch kein Grund zum Heulen, Kind. Und jetzt klingelt das Telefon. Aber es ist die Türklingel. Ich renne ins Bad, ich sehe schlimm aus. Wenn er das jetzt ist, dann seh ich schlimm aus.

Es ist die Frau vom Haus, die Hauswartsfrau, die im Keller wohnt, die hinterm Gitterfenster ihre Augen überall hat.

Frauke ist weg, sagt sie, unsere Frauke.

Frauke ist die Tochter, sie wohnt bei den Eltern im Keller, und manchmal läuft sie weg. Zum Zirkus oder so. Wenn in Hamburg Zirkus ist, dann setzt sie sich ins Zelt und macht Feuer, dann fängt es in den dunklen Ecken zu kokeln an, dann platzen die Scheinwerfer, dann fallen die Lautsprecher aus, dann fällt sie um, dann wird sie heimgebracht, und wenn sie wieder stehn kann, kommt sie manchmal hoch zu mir, dann koche ich ihr Nudeln, dann erzählt sie fremde Sachen, dann kriegt sie Rotwein, den mag sie, dann werden die Sachen immer fremder. Dann red ich fremde Sachen mit.

Die Frau vom Haus ist außer sich. Vor zwei Wochen war Frauke auch weg, da hat sie mich auch mittags aus dem Schlaf geklingelt. Dann hat man Frauke gefunden, bei Hagenbeck, neben den Elefanten im Mist. Dann bin ich runter in die Kellerwohnung, Frauke saß unterm Schrank, und die Frau vom Haus hat geweint und gewollt, daß ich ihrem Weinen zuhör. Und der Fernsehapparat lief ohne Ton, und alle sahen auf das Bild, und die Frau vom Haus weinte immer lauter. Das Kellerzimmer hat mittendrin einen Brokatvorhang, hinter dem Vorhang stehn die Ehebetten mit dem Schlafritz für Frauke, davor die Sitzgarnitur, dahinter das vergitterte Kellerfenster, darüber der Kristalllüster.

Der Mensch ist der Sohn des Weibes, hat Frauke unterm Schrank gesagt, aber das Weib geht aus dem Manne hervor, aber nur, wenn der außer sich gerät nach ihm.

Halts Maul, hat die Frau vom Haus gesagt, das Fräulein muß ja denken, du bist verrückt.

Dann wollte sie Frauke unterm Schrank schlagen, da hat der Mann sie festgehalten. Schlag das Kind nicht, hat er gesagt, es ist alt und verrückt, hat er gesagt, die Frau in den Sessel gesetzt, den Fernsehton laut gedreht.

Ich sage: Ich weiß nicht, wo Frauke ist, Frauke ist nicht bei mir. Ich sag: ich muß jetzt schlafen, und mach die Türe zu.

Ich geh zurück ins Bett, ich leg das Kissen aufs Gesicht. Wenn ich jetzt nicht schlafe, wird mir heut abend heiß im Licht, wenn ich im roten Kleid mit rotem Mund die Worte von dort hole, wo sie aufgeschrieben warten, wenn es laut wird von der Stimme, die meine ist, die der Erinnerung, die niemals meine war, von Stein zu Stein nachläuft, an fremde Schatten stößt, davon nicht umfällt, läuft und läuft. Die unten sitzen, hören noch die Stille, die sich entfernt und dann erstarrt zu Früher, beugen sich vor, sehen tief rein und runter, denken sie, tief in den Abgrund der großen Lore Lay. Aber ich lass sie sitzen, geh ab und sag: Schlaf, schlaf, sag ich zu mir, jetzt schlaf doch endlich.

Aber ich kann nicht schlafen. Die Matratze liegt flach auf dem Boden, der Boden ist aus

Holz, unter dem Holz ist der Deckenstuck der Wohnung drunter. Da wohnt die alte Frau, die wie ihr Mann aussieht, sein Bart wächst ihr, sie trägt die Hosen von ihm viel zu weit. Sie lebt und lebt noch, und der Mann ist tot. Aber nicht weg, nur tot, was heißt das schon, sagt sie und deckt den Tisch für zwei, kocht, ißt für zwei, wird trotzdem immer dünner, Knochen und Haut und Blut, das durch die Adern immer weiter fließt.

Zehn Jahre ist der tot, sagt die Frau, die im Keller wohnt und ihre Augen überall hat. Sagt: Die schläft mal in ihrem, mal in seinem Bett, mal Hemd mal Schlafanzug. Die Frau vom Haus sieht keine Wände.

Ich kann nicht schlafen, sie spricht mit ihm, da spricht sie jetzt, ich hör sie oft, sie hat zwei Stimmen. Da schreit sie jetzt, hat ihren Krach mit ihm, wird still. Jetzt ist Versöhnung.

Ich kann nicht schlafen, ich hab die Tücher von ihm nicht gewechselt, die sind schon welk. Es gibt nur frische, wenn er wiederkommt, sonst muß ich in den welken liegenbleiben, bis sein Bart mir durch den Boden wächst, runter zu der Frau runter, die wird das ja verstehn.

Das Bild, das dick verpackte, lang verpackte, schon vierzehn Tage lang in Plastikfolie, das Bild von uns wühlt sich aus der Verpackung, steht strahlend vor mir, ich mach die Augen zu, strahlt hell durch meine fest verschlossenen Augen, ich halt die Hände vor, strahlt durch, steigt ein zu mir, legt sich neben mich in meine Kissen, die ich mit ihm hatte, legt sich über mich, drückt mir die Luft ab. Ich gebe nach und seh es an: sie sitzt auf seinem Schenkel, er ist sehr groß. Den rechten Arm um seine Schulter, den linken Arm um ihren Leib. Das Bild bewegt sich, die beiden sitzen still und unbeweglich fest, schauen sich an, betrachten sich in die Gesichter, erregt und still davon. Und es bewegt sich vorwärts, jedes Organ wird eins mit jedem, Fleisch roh mit rohem Fleisch, dringt er wohin sie will, bis in den Ursprung, wo sie beide einer sind.

Ich muß das Bild zurückverpacken, sonst schlaf ich nie. Es wehrt sich, schert nach allen Seiten aus. Und ich muß weiter sehn und hören, wie alle Worte Namen werden und alle Namen Antwort finden, wie ich zum Namen werde, den er im Munde führt, in seinem Mund, den ich sonst lange küssen muß, eh er weich wird, in seinem weichen Mund, mit seinen großen Zähnen, den er dort führt, von einem Zahn zum andern. Da wird der Bildrand blasser, das Bild wird unscharf, läßt sich zurückverpacken und verschnüren und in die unterste Seele runterdrücken. Schlaf, schlaf, sag ich zu mir und werd im Dunkeln wach.

Der Gang zur Vorstellung. Körper taub, Nerven tot, frage mich nicht mal, ob ich gerne geh.
Ich gehe um die Alster, den krummen Weg zum Schauspielhaus. Im Frühjahr schmilzt das Eis, dann kommt das weiche Wasser. Im Sommer sitz ich manchmal hier, Sommerhaut, Segelboote, Weißwein trinken.
Die Pavillons sind geschlossen, die Türen eingerostet, im März, April kommen die gelben Stadtmänner mit Brecheisen.
Die Vögel fliegen keine langen Reihen, jeder für sich und jeder ganz woanders. Flogen im Herbst zusammen fort, stritten sich in fremdem Land, trennten sich, flogen haltlos rum, verloren das Gefieder, mit letztem Flügel flogen sie

zurück, haben nicht bis April gewartet, wollen im Norden an die Eiswand donnern, Kopf kaputt, Bild kaputt: die Vogelfrau, der Vogelmann, ›in gleicher Höhe und mit gleicher Eile, die jetzt im Fluge beieinander liegen‹, oder wie heißts im Lied? Das Bild ist einzeln nicht zu tragen.

Ein gutes Glück altert nicht, hat Leo mir gesagt. Dann war er tot, und Lea hat ihn noch gewärmt, als er schon kalt war. ›Wenn sie nur nicht vergehen und sich bleiben‹, oder wie heißts im Lied? Lea ist letzte Woche leise und weiß in Leos Bett gestorben. ›Aus einem Leben in ein andres Leben‹, so heißts im Lied weiter.

Ich muß für Lea noch das Kaddisch beten lassen. Sie ist ohne Sohn gestorben, da müssen fremde Söhne beten. Ich muß ihr das Kaddisch kaufen, wie sie Leo das Kaddisch kaufen mußte.

Leo starb letzten Sommer.

Der Friedhof ist ein Quadrathof. Hohe Mauer aus schwarzrotem Stein, Stacheldraht, wo bin ich, hier entkommt kein Toter. Auch der Boden ist mit schwarzrotem Stein vermauert. Tote bluten nicht, sonst wärs meine Idee: Der Stein ist aus Geronnenem.

Kein Baum, kein Strauch, keine Winkel, nur Geraden. Die Hitze steht nicht fest, sie zackt. Die harten Buchstaben überm Eingang lesen sich wie ›Wandeln werde ich vor dem Antlitz des Ewigen in den Gefilden des Lebens‹.

Die Toten? Als Gespenster im Leben rumstreichen und nie durchbrechen und vor kommen bis zum ewigen großen Mund, der sagt: Ich schlucke dich!

Das ist eine Klage, das ist doch klar. Auf dem Friedhof steht die Klage, der Trost ist vor Scham in den Boden gesunken, eh sie ihn mit dem Blutstein gepflastert haben. Die Klage lautet und stimmt an wie tausendmal geklagt, alle stimmen ein, fünftausend Jahre alte Stimmen schwellen an.

Im Quadrat der Blutsteinwände sitzen alte Männer, beten, klimpern mit Kleingeld. Da läuft eine Frau übern Hof und schreit: Leo, und: Leo, schreit die, Leole! Rennt im Schleier vom Verwaltungsgebäude, wo sie das Begräbnis bezahlt hat, die hundert Meter zur Synagoge rüber, wirft die Arme, läßt die Füße los, strauchelt, muß laut schreien.

In der Synagoge liegt der Leo im Sperrholzsarg. Er hatte einen Schnurrbart, nachts hat er die Bartbinde getragen. Wenn sie ihm doch bloß noch die Bartbinde.

Es gibt nur wenig Freundschaft, drei Männer und sechs Frauen. Die Verwandtschaft ist zwischen 40 und 45 fettig in die Luft gegangen. Zehn Männer muß es geben, daß sie das Kaddisch beten können, ohne das darf keiner tot sein, oder für immer und ewig.

Die Alten kommen von den Bänken, sie werden fürs Beten bezahlt. Pejes, Talles, Kippes, zerbeulte Hüte, eine blauweiße Touristenmütze aus Jerusalem, Shalom. Sie klimpern mit Kleingeld, Lea gibt.

Es ist dunkel, Blutstein, kaum Fenster, nix Himmel, keine Kerzen, keine Blumen, keine Chöre, Gott der Gerechte!

Der Rebbe ist ein Zwerg mit großen Ohren, die hinten dreckig sind. Er lebt allein, wird erzählt, die Frau ist ihm tot, er ist auch schon alt und ungeliebt von der Gemeinde, Ersatz gibts nicht, heißt es, man stirbt aus.

Der Rebbe leiert Hebräisch wie Latein, dann spricht er Deutsch, sagt, er habe den Leo gekannt, der Leo habe viel Humor gehabt.

Gott, der Gerechte, den braucht er jetzt auch, sagt die neben mir.

Dann wird der Sarg rausgefahren, wir gehen hinterher. Lea wird gestützt. Sie hat ihr schwarzes Opernkleid an, aber sie ging lieber in die Operetten. Leo auch, sie haben immer mitgesungen, und der ganze Schwung von den Melodien hat sie immer weiter durch die Zeit geschoben, und in den schlimmsten Zeiten noch gab es Duette.

Die Alten halten sich dicht am Sarg, murmeln, klimpern mit Kleingeld in den ausgebeulten Taschen, schwitzen, torkeln. Wo wohnen die? Ich muß an lausige Asyle denken.

Der Zug hält vor dem Sargloch. Der Boden ist gelb und rissig.

Links Rosenbaum, rechts Feigenbaum, der Sperrholzsarg wird abgeseilt, die Witwe schreit und will mit. Vielleicht lebt er noch, er hat doch vorher noch gelebt, vielleicht lebt er jetzt wieder. Der Schleier fliegt ins Loch: Leole!

Zwei Männer schaufeln wie angestochen. Jetzt schrei ich, denk ich, aber hör nichts. Sie schaufeln den Sarg weg, weg, Kilometer drauf. Bloß daß die Lebendigen von dem, was tot liegt, nicht berührt werden, kein langer Arm aus dem

Grab durch die Nacht mitten in mein Bettzeug.

Das Loch war zwei Meter tief. Maschinenmänner schaufeln, Knopfdruck, Höchstgeschwindigkeit, die Witwe muß auch schaufeln, die Alten murmeln und klimpern, der Rebbe hat keinen Trost. Gott der Gerechte!

Leo war gestorben, aus dem Bild gestiegen, dessen Rahmen doch für zwei gebaut war, stabil genug, ein Leben lang zu halten, reelles Material. Lea hat nicht gerastet, bis sie nachsteigen konnte, hat sich mit offenen Augen in Leos Bett gelegt. Aber sie durfte nicht in seinen Sarg, da hat niemand mitgemacht, sie hat ihren eigenen gekriegt. Gibts überhaupt Zweiersärge wie Doppelbetten?

Menschen beieinander zu beerdigen, die einander geliebt haben, weil sich auch im Tode noch die Zuneigung des Fleisches fortsetzt, bis in den kleinsten braunen Krümel.

Und es soll zwei gegeben haben, die sich darum noch im Grabe gedreht und die Gesichter einander zugewendet hätten. Und zwei andere soll es gegeben haben, bei denen sich die Rippenbögen so ineinander verdreht hätten, daß es ausgesehen habe, als wären einstmals zwei miteinander Verwachsene beerdigt worden. Das war in der Steinzeit, oder?

Ich muß unter der Brücke durch. Wie geht der Film? Der Mann steht unter einer Brücke, über die ein Zug fährt, und schreit. Oder wars die Frau, die unter der Brücke, über die ein Zug fuhr, geschrien hat? Oder haben beide unter zwei getrennten Brücken gestanden, über die zwei getrennte Züge fuhren, und geschrien, und keiner hat den anderen gehört?
Wenn einer schreit, dann hört er nichts als seinen Schrei. Und wenn der Zug weg ist, ist der Schrei aus, dann kommt das Weinen, aber nur so lange, bis er oder sie oder ich vom Zug nichts mehr hören. Wenn der Ton weg ist, dann geht das Weinen auch nicht mehr.

Kein Brief beim Pförtner?
Keiner.
Man könnte ja auch einen Brief schreiben, wenn die Post schon zuhat, losrennen oder im Auto durch die Stadt, den Brief dem Pförtner in die Hand: Sie muß gleich kommen, sie hat ja

heute abend Vorstellung, sie muß den Brief noch vor der Vorstellung. Sie werden sie doch nicht übersehen und erkennen, sie hat vielleicht die dunkle Brille, wenn sie hier vorbeigeht, sie hat vielleicht geweint, weinen gehört dazu, sie hat schon lange keinen Brief von mir.

Das Kind macht die Augen zu und sagt: Such mich, ich bin nicht da. Ich setz die Brille auf den Kopf, damit der Pförtner mich sieht.

Kein Brief für mich?

Aber vielleicht ist er nur zu müd zum Schreiben. Aber was soll ich gegen seine Müdigkeit? Wie kann ich ihn wachkämpfen, wenn ich ihn nicht ausschlafen lassen kann, wenn ich nicht sagen kann: Ich habe deinen Schlaf geschützt mit meinem, ich habe meinen Schlaf für deinen hergegeben, hellwach habe ich deinen Schlaf verteidigt, mein Herz hat ausgesetzt mit Bumm-bummbumm, die Autos sind von der Straße geflogen, und deine Adern hab ich weichgestreichelt, damit das Blut nicht hakt und knistert und dich aufregt. Jetzt bist du wach, hast ausgeschlafen, kannst mir schreiben.

Dabei ist seine Schrift schön und seine Hand schön, beide Hände. Er könnte doch in seiner blauen Schrift und ich in meiner schwarzen, auf

Linien selbstverständlich, damit die Worte sich an was halten können, nicht zu weit hoch gehn oder zu weit tief, könnten wir uns bloß so was Abgeschriebenes, das weniger bekennt, drängt, fordert, weil es nichts Eigenes ist, was Abgeschriebenes nimmt vielleicht bloß den schönen fremden Klang und gibt ihn an dich weiter, nichts Wahres unbedingt, nichts was unbedingt auf uns paßt und für uns stimmt, zumindest nicht in jedem Wort, höchstens nur in fast allen.

Ich könnte dir doch unverbindlich schreiben: Ich suchte nachts in meinem Bette, den meine Seele liebt, ich suchte, aber fand ihn nicht. Ich suchte ihn in meinem Bette und fand ihn nicht in meiner Seele. Ging leer aus, ging in der Stadt umher und rief ihn, schrie mir die leere Seele aus dem Leib und fand ihn nicht in einem Ton. Die Nacht war schwer und schwer. Es fanden mich die Lauernden, die in der Stadt umhergehn und die verlorenen Seelen fangen, die fanden mich und rissen mir blutig den Schleier von der weißen Seele, da war die grau.

Dann könntest du mir unverbindlich antworten: Siehe, dort kommt er, den deine Seele liebt, durch die Gärten schnell, wie der späte Wind, gleich ist er da, macht endlich seinen Mund auf, den du sonst lange küssen mußt, eh er weich wird, und sagt dir endlich: ich dachte, meine Zeichen sprechen deutlich laut, ich schreibe nicht, ich ruf nicht an, ich war schon vierzehn Tage nicht bei dir. Ich weiß keine lauteren Zeichen!

Ich muß durch Kellergänge. In allen Theatern muß man durch Kellergänge zum Verirren. Maschinen rauschen, hinter den Eisentüren stampft was, Elektrisches ist nicht geheuer. Meistens bin ich allein, wenn ich da durch muß. Dann sing ich laut. Wenn einer mich hört, denkt der: die ist froh oder so.

Und bin dann in der Garderobe und sitze dann auf meinem Stuhl, an meinem Tisch, vor meinem Spiegel.
Die, die den andern Tisch hat, ist nicht da, hat keine Vorstellung und keine Abendprobe. Da muß ich nicht hören, wenn sie was sagt, oder raus auf den Flur, wenn sie nichts sagt. Wenn sie nichts sagt, hat sie was, und weil die Garderobe klein ist und wir dicht sitzen, kommt das rüber zu mir, was sie hat, ist schwer und drückt mich.

An ihrem Spiegel kleben vertrocknete Glück-
wunschtelegramme, auf ihrem Schminktisch
liegt Kram und Erinnerung an den und jenen.
Sie ist nicht mehr jung und spielt nur kleine
Rollen. Sie sagt oft nichts, ich muß oft auf den
Flur.

Wenn sie nicht da ist, kann ich die Pritsche aus-
ziehen, Kissen und Decke aus dem Schrank holen, mich legen, wenn mir schwindlig ist. Wenn
ich liege, ist die Decke höher, dann krieg ich
besser Luft.

Wandschrank mit Probenkleidern, Kleiderstän-
der mit Kostümen, Schubladen voll Plunder.
Der Spiegel zwischen den Tischen, in dem man
sich ganz sehen kann, das zersprungene Becken,
der angerissene Linoleumboden, die Decken-
funzel, das scharfe Licht auf meinem Gesicht
vor der Spiegellampe.

Ich bin schon umgezogen, hab das harte rote
Kleid an, warte, daß das Mädchen von der Garderobe die Haken zuhakt, warte, daß das Mädchen von der Maske die Perücke aufsetzt.

Warte, daß die Vorstellung anfängt, warte auf
meinen ersten, zweiten, dritten Auftritt, warte,
sitz die Pause durch. Was hab ich denn noch

vor mir nach der Pause? Zehn Sätze, zwanzig? Den Gang, den Schrei, das Gefühl? Und da zieht sich was raus aus mir, kerzengerade in die Leere, und verliert sich da. Dann schmink ich mich ab und hab die Nacht vor, was noch? Zehn Rollen, zwanzig? Zwanzig Jahre lang und dreißig?

Schauspieler müssen warten, erst wenn es klingelt, ruft er an. Auf Stichwort da sein, gut sein, sonst besetzt er die Rolle mit einer anderen.

Das erste Klingelzeichen. Der Lautsprecher rauscht. Es ist neunzehn Uhr, in einer halben Stunde beginnt die Vorstellung. Der Inspizient ist Hamburger und spricht im Falsett. Der Lautsprecher rauscht aus.

Wie geht der Film? Die Frau wartet auf den Mann. Ich weiß, sie liebt, weil sie wartet, solange sie wartet, weiß ich, daß sie liebt. Aber wenn der Mittag vor den Rolläden vorbei ist, am Abend, in der Nacht, kommt die Angst, es sei ein Mißverständnis: ich warte am richtigen Ort, und du wartest auch, aber am falschen. Ich warte zur falschen Zeit, und du hast schon lange zur richtigen gewartet, die ist längst vorbei, und du wartest nicht mehr, bist weggegangen vom falschen Ort, als die richtige Zeit vorbei war, während ich am richtigen Ort immer noch warte und die Zeit immer falscher wird und ich nicht Hoffnung haben kann, es könnte nur der falsche Ort sein, der nicht falscher werden kann mit der Zeit, denn der Ort kann nicht falsch sein, denn der ist immer meine Wohnung. Die ist groß und leer und hallt vom Warten.

Das Mißverständnis, wenn es eins ist, und nicht die Filmbarbiturate, die so wirken, daß er den Ort mit mir vergißt, kann nur die Zeit sein, daß er sagt, er braucht Zeit, daß er nicht wartet und deshalb nicht weiß, daß mir die Angst übern Kopf schlägt: er hat mich verlassen, er ist todkrank und tot und liegt im Tod bei einer andern, die schöner ist für ihn. Dabei braucht er vielleicht nur Zeit. Löcher ausgraben, die die zwei, drei Abstürze geschlagen haben. Und ich weiß nichts davon und warte, daß er kommt und die Hände in meinen Schoß legt.

Das Mädchen von der Maske bringt den Holzkopf, auf dem die Perücke sitzt, steckt mein Haar zusammen, ich habe einen kleinen Kopf, setzt das fremde Haar auf meinen kleinen Kopf.

Vielleicht hat die Frau sich das Haar abgeschnitten, als sie verlassen wurde, wie Frida
Kahlo auf dem Bild. Da hängt überall ihr Haar,
denn sie hatte viel und schwarz, das macht ein
ganzes Zimmer voll. Da sitzt sie drin mit einem
kleinen Kopf wie meiner unter der Perücke,
sitzt grade auf dem harten Stuhl und sagt:
Diego, das ist mein Haar, du hast es sehr geliebt, jetzt ist es ab, wenn du noch mal vorbei-
kommen willst, kannst dus dir holen.

Das Mädchen steckt die Nadeln durch das
Haar von Frida Kahlo in meinen kleinen wunden Kopf. Es klebt die Gaze der Perücke mit
Mastix an Stirn und Schläfen fest, ist neunzehn,
still und blaß, nicht jung, nur ängstlich. Wahrscheinlich hat man ihm erzählt, daß es Schauspielerinnen gibt, die Maskenbildnerinnen bei-
ßen, wenn die sie stechen, wenn der kleine Kopf
weh tut.

Seine Eltern sind auch Maskenbildner und die
Großeltern auch. Es ist verlobt mit einem Maskenbildner und verliebt in einen Schauspieler.
Es sagt nie was, wills nicht mehr wie die Maskenbildner sagen, das Mädchen will es sagen
wie der, in den es so verliebt ist, der sagt es,
wies die Schauspieler halt sagen. Es lernt den

Schauspielführer auswendig, weil es nicht weiß, wie es das sonst lernen soll, es paukt, ich sehs in jeder Pause mit dem Schauspielführer sitzen.

Ich möcht es auch so sagen können wie er. Da bin ich oft lange still vor dem, was er sagt, und sage nichts, weil ich meiner Sprache nicht traue, daß er sie versteht, wenn ich ihm sagen will, daß ich schweigen will, auf meine Türme steigen und meine Sinne fliegen lassen über sein ganzes Land.

Da bin ich oft lange still und hoffe, daß er sieht, daß ich das Schönste sagen will, was ich sagen weiß, daß er es aus den Zeichen liest, die ich ihm mache. Aber weil mir manchmal schwindlig ist, wenn er da ist, verwackeln mir die Zeichen.

Das Mädchen von der Garderobe bringt den Tee. Die Garderobe ist der Nullpunkt, Ausgangspunkt. Jedesmal denke ich, ich bleib hier liegen oder sitzen, klemm mich im Ausgang ein, da brauch ich immer einen Tee, immer denselben, daß ich mich erinnere, daß ich immer, und das war schon oft, raus bin und den Akt auf dem Seil mit oder ohne Stange immer hingekriegt habe.

Wenn ich in dem Beruf älter werde, werde ich vor der Vorstellung einen Piccolo trinken. Alle älteren Schauspielerinnen trinken vor der Vorstellung einen Piccolo und noch einen in der Pause. Manche trinken auch einen vor der Probe, manche trinken einen nach dem andern, und manche überstehen das Theater nur besoffen.

Das Mädchen macht das harte rote Kleid zu, klemmt die Haut, zwängt die Haken in die Ösen.

Ist vom Dorf, spricht nicht, denn es kann nicht. Was es meint, kommt falsch, weil seine Sprache andersrum läuft. Ist jung, hat schmale Hüften, große Brüste, viele sind scharf, es wehrt sich, haut. Kommt zwei Zugstunden von dort, wo sies andersrum sagen, hat acht Geschwister, will neun Kinder. Hier zwicken sie es in die großen Brüste, weil sie wissen, daß es nichts sagt, lachen, wenn es haut, und langen weiter zu. Wenn es dann aber schreit, und keiner versteht es, haut es auch auf sich. Da ist es ruppig auch zu mir.

Der Tee dampft, die Schwaden steigen, wirbeln, sind kurz davor, was zu werden, wenn ich mich darauf besinne, werden sie was, denn ich habe den Spiegel dazu, da können sich die Formen leichter zeigen.

Ich sitze vor dem Spiegel, auf meinem Stuhl, an meinem Tisch, trinke den Rauschtrank aus, mache mich im Spiegel neu, mit roten Lippen, schwarzen Augen, weißer Haut, habe das harte rote Kleid, das fremde schwarze Haar. Das ist die Zauberin, die lacht mich an mit bloßen Zähnen. Die Figur blitzt auf, ich sitze vor dem Spiegel, an meinem Tisch, auf meinem Stuhl, gleich steh ich auf und gehe die roten Stufen rauf und runter, Blutwege, sagt die Lay, geh ihnen nach, verlier dabei ein Stückchen Ich, ein Stückchen Ich von mir fällt in den Abgrund der Lore Lay.

Wos dunkel ist, wos spät und kalt ist. Der Wald ist lang, der Bach spricht, die Eulen haben Angst und schreien, der Mond ist kaum, der Weg ist steinig, die Pferde sind zu viert, die Hufe schlagen Echo, sie straucheln, krack, knickt bei jedem eine Fessel ein. Die mit den roten Lippen, den schwarzen Augen, dem fremden Haar, dem harten Kleid sitzt auf dem falben Pferd, die anderen sind Rappen und besetzt mit Männern. Die Lore, die Lure, die Hure, haben die Männer gesungen und sie an ihr Haar gefesselt. Jetzt singen die Männer nicht mehr. Jetzt singt die Lay ein Lied aus langen Tönen. Sie bringen dich zum Bischof nach Worms, sagt der Bach und biegt ab.

Das zweite Klingelzeichen: Es ist neunzehnuhrfünfzehn, in fünfzehn Minuten beginnt die Vorstellung. Der Lautsprecher rauscht, die Lore Lay ist in die schwarzen Baumkronen geritten.
Ich sitze vor dem Spiegel, an meinem Tisch, auf meinem Stuhl. Ich male die Nasenlöcher und die Augenwinkel rot, das sind die alten Tricks, die geben dem Gesicht Kontur, Rot auf die spitze Nase, das macht die stumpf, Rot unters Doppelkinn, Rot auf die weiße Haut zwischen die Brüste, das macht die groß im Ausschnitt von dem harten roten Kleid.
Frau B., warum gingen Sie zum Theater?
Weil ich was erleben wollte.
Und warum gingen Sie da nicht zum Zirkus oder als Entwicklungshelferin nach Simbabwe?
Herr K., ich ging zum Theater auf der Suche nach den großen Schmerzen, ich war ja jung,

hatte ja erst den Zug zu meiner Wirklichkeit, aber wußte schon gewiß: wer keine Schmerzen hat, der liebt nicht, und wer nicht liebt, ist gar nicht da, pfft, da können Sie blasen, und er verfliegt. Immer lieben, nicht bloß mit Nachtbegeisterung, im Gegenteil, jedes graue Taglied davon singen. Herr K., Sie verstehn, der Gedanke, daß ich mit meiner großen ganzen Sehnsucht in diese eine einzige Wirklichkeit verstrickt sein soll, die so geht, daß du voll bist und dann leer läufst, schien mir nicht zu tragen. Also ging ich zum Theater, wo alle Geschichten, zumindest in meinem Fach, blutrot sind und bleiben. Was soll ich Ihnen sagen, im Liebessehnen bricht mir was auf ohne Ziel, ein Hitzelauf nach dem andern, und am Ende steht immer derselbe Mann, schon eh ich ihn noch kannte, stand er schon da, er spielt bei mir jede Rolle. Sehn Sie, der von der Lore Lay, die ich zur Zeit spiele, und der von der Lilofee, die ich zur Zeit probiere –

Aber Frau B., das sind doch Märchenkordeln und Dichterfransen, die Zeitungsleser interessieren sich ausschließlich für Ihren eigenen Drang.

Ich bin nur eine graue Maus, Herr Kraus, mein

Leben ist das Höllenparadies, die Schmerzen sind nicht mehr zu tragen: wieder kein Anruf, wieder kein Brief beim Pförtner, und schon vierzehn Tage her, daß er da war. Deshalb mache ich demnächst Schluß mit dem Theater, ich brauchs nicht mehr, verstehn Sie, ich hab endlos genug davon auf meiner eigenen Drehscheibe.

Das dritte Klingelzeichen, der Lautsprecher rauscht: In fünf Minuten beginnt die Vorstellung. Achtung, Stellwerk besetzen, Frau B., Herr C., Herr D., Herr E., Herr F., Herr G., Herr H., Herr I., die Herren der Statisterie bitte zur Bühne.

Im Treppenhaus muß ich Luftlöcher bohren, da kommt was angefahren und drückt mir die Luft ab. Ich halte mich am Geländer, der harte rote Stoff ist lang, wenn ich drauftrete, falle ich.
Wer bist du, wer bin ich, so fängts doch an, man tastet sich, macht lange Finger, fragt, denkt von dem andern über sich, findet was Neues, sagts, hört, sagt mehr, hört weiter.

Dann gehn die Fragen weiter, über den einen und den anderen hinaus, auf die Straße runter, unter Leute weg: Woher kommst du, wohin gehst du? Und der eine sagt, mein Haus steht da und da, und der andere sagt, meine Frau heißt soundso.

Du bist gekommen und gegangen, du warst bei mir, ich habe nicht gefragt und ja gesagt.

Du weißt, wie mein Bad riecht, weißt, wie ich durch die Küche gehe, kannst mich auf meinem Ledersofa denken, kannst wissen, wo ich bin und was ich tue, mein Spielplan klebt an allen Litfaßsäulen.

Ruf mich nicht an, hast du gesagt. Ich habe ja gesagt. Du weißt nicht, wie ich heiße, du weißt nicht, wo ich wohne, du weißt nur das von mir, was bei dir ist, wenn ich bei dir bin, und wenn ich weg bin, weißt du nichts mehr. Ich habe ja gesagt.

O. k., Mister, oder wie geht der Film? Sie weiß nicht, wie er heißt und wo er wohnt, er weiß von ihr genausoviel. Das Drehbuch geht besser auf.

Ich hab in deinen Taschen nachgesehn, ich habe deine Nummer in der Tasche, ich könnte dich fünf Minuten vor der Vorstellung anrufen und sagen: Komm! Du warst vierzehn Tage nicht mehr da.

Man könnte ja auch lachen. Man könnte ja auch anrufen und sagen: Hör mal, wie geht der Film? Die lachen doch, die sitzen doch zwischendurch in der Badewanne und lachen. Er drückt sie unters Wasser, Luftblasen, er lacht, weil ihr die Luft ausgeht. Er haut sie auf den Kopf, sie beißt ihn in die Wade, sie tun sich an den Körpern weh und lachen. Irgendwo was ritzen, daß nicht der Körper so stimmt, wenn sonst alles reißt.

Man könnte ja auch anrufen und sagen: Hör mal, komm, laß uns lachen.

Ich muß die Treppe runter. Oben sind die Garderoben für die Jungen und für die, die nur kleine Rollen spielen, unten sind die Garderoben für die Alten und für die, die nur große Rollen spielen, die müssen keine Treppen steigen, die sind auf einer Ebene mit der Bühne. Der, der den Abenddienst hat, kommt die Treppe rauf, muß die Statisten zählen, eh sie runter auf die Bühne gehen. Die sitzen oben im zweiten Stock, zwanzig, dreißig junge Männer und zwei alte. Müssen heute Mönche spielen, da müssen sie erst mal lachen, lachen bis zu mir auf die untere Treppe runter, schütten sich aus vor Lachen, was bleibt, ist die leere Mönchslust, in dunklen Kreuzgängen aus Bühnenpappe.

Der, der den Abenddienst hat, kann mich nicht ansehn, ich hab das rote Kleid an und das Gesicht von der Lay, und er sitzt jeden Abend im Büro, hat den Lautsprecher laut, muß hinhören, ob was schiefgeht, auf die Bühne rennen und es gradebiegen, hat den Kaffee im Pappbecher auf der glatten Tischplatte, reibt die Tischplatte glatt, reibt sich an der glatten Tischplatte, im Büro mit seinem Pappkaffee.

Hallo, sagt man am Theater. Wenn zwei Schauspieler sich treffen, geht das weiter mit: Was machst du? Das heißt dann: Hast du was zu spielen, oder kriegst du nichts. Und wenn du nichts hast, sagst du: Theater ist doch Scheiße, ich kann ein Buch davon schreiben, das weiße Papier liegt schon lange gelb auf dem leeren Schreibtisch, den ich davon habe, daß ich hier immer noch rumkaspere.

Ich gehe durch den Gang, wo die Garderoben für die alten Schauspielerinnen sind und für die, die nur die großen Rollen spielen. Die alte Maria sitzt in der ersten, hat heute abend Probe für die Matinee am Sonntag, Titel: Ich möcht was schrecklich Weibliches versuchen.

Was denn, frag ich sie.

Empfangen und gebären, die Poesie der Sinnlichkeit, du Kind!

Sie läßt die Türe immer offenstehn, nährt sich von Blicken, wird jung von jungen Männern, die werden blaß und blättern ab. Ist siebzig, achtzig, neunzig, keiner weiß, trägt blondes Haar lang, früher war sie rot, sie war die Lulu, die es gab, und wartet jetzt auf ihren Jack.

Bist du mein Jack, lächelt sie, bring mich doch um, lächelt sie, es wird bestimmt schön, lächelt sie, wir werden unsern Spaß daran haben.

Das Herz klopft, sagt sie mir und klopft dagegen an die alte Brust. Das Herz ist heiß, ich brauche einen Eimer kaltes Wasser. Sie lächelt und nimmt einen Schluck aus der Piccoloflasche.

Alle Türen zur Bühne sind Feuertüren, da brennt nichts durch, auch wenn das heiße Herz von der Maria Flammen wirft.

Flori ist in seinem Haus verbrannt. Das Feuermal auf seiner Brust, ich habs gesehn, im Sommer, als es heiß war, als sein Hemd offen war, die ganze Brust war rot.

Das war der Sommer, als ich Stella war, als Flori auf der Probe war, als ich nicht wußte, wie mir wäre, wenn ich wie Stella sagen muß: ›O, wenn ich manchmal so in des Mondes Dämmerung, meinen Garten auf und ab walle; dann mich's aufeinmal ergreifft! ergreifft dass ich allein bin.‹

Allein, allein, hat Flori mich geschüttelt, das weißt du nur, wenn du das Nichtalleine kennst.

Der Sommer ist drei Jahre her, jetzt weiß ichs. Ich weiß auch, wie das weitergeht: ›Vergebens nach allen vier Winden meine Arme ausstrecke, den Zauber der Liebe vergebens mit einem Drang, einer Fülle ausspreche, dass ich meine ich müsste den Mond herunter ziehen!‹ Ich weiß, ich kenns, nachts auf dem Balkon hin und her, im Nonnenstieg gehn die Lichter aus, keiner hält Schritt auf seinem Balkon, man nimmt sein Nordherz in die harte Hand und zieht die Vorhänge vor.

Mein Balkon ist vier Schritte lang, ich sage deinen Namen Schritt für Schritt. Wenn du schläfst, hört dein drittes Ohr, du stehst auf, ziehst dich an, gehst deine Treppe runter, dein Hoftor quietscht, warum erschrickst du? Gehst und kommst, gleich mußt du dasein. Nach vierzig mal vier Schritten bist du noch nicht da, nach vierzehn Tagen bist du noch nicht da. ›Und ich allein bin, keine Stimme mir aus dem Gebüsch antwortet, und die Sterne kalt und freundlich über meine Quaal herabblincken!‹ Flori ist allein verbrannt. ›Und ich sterbe allein‹, sagt Stella. Allein, allein, hat er geschrien, und C. hat tief bei Y. geschlafen. Das Feuermal ist durchgebrannt.

Stella ist längst abgespielt, jetzt ist die Lore Lay dran.
Auf der Hinterbühne steht der Rheinfelsen. Die Lay, die Lore, die vom Felsen springt, warum? Wie war jetzt die Geschichte von der Frau und keiner andern? Auf der Vorderbühne steht der Dom, in den wird sie gezwängt, in der Pause wird umgebaut, dann steht der Felsen auf der Vorderbühne, von dem springt sie, das ist das Ende vom Lied, und der Anfang? Ist in Bacharach und fängt so an, wie alle Lieder anfangen,

die so anfangen, daß der Mann da ist, und so weitergehn, daß er weg ist und die Frau wartet, daß er wiederkommt, geht durch ihr Haus, wie die Frau im Film durch meine Wohnung, vier Schritte hin, vier Schritte her, rastlos quer durch Paris, in Stellas Gärten auf und nieder, durchs Giebelhaus, die engen Stiegen bis in die Spitze, streckt vergebens nach allen vier Winden die Arme, dreht sich, dreht sich, kein Brief, kein Telefon, der Mann kommt nie mehr.

Kein Trost in dem Haus, wo der liebe Gott wohnt. Da hängt nur der hölzerne Sohn am Kreuzbalken, der Vater ist ausgezogen, wohnt jetzt weiß Gott wo.

Und ich allein bin, sagt sie und fängt mit dem Lachen an. Und ich noch lebe, sagt sie, und das Lachen wird schallend. Das Theater geht los mit der Maskerade: sie streicht sich an, rot, weiß und schwarz. Dann kommt die Handlung: sie zieht die Männer unter ihre Röcke, lacht und lacht und zieht die Röcke unten zu, da ersticken die Männer, und das Lachen geht weiter.

Die Lay, die Lore, die Lure, die Hure, singen sie am Rhein. Das hört der Bischof von Worms, da kriegt der Intresse und läßt sie sich kommen.

Aber weil die Lay Röcke wie die Maria trägt,
sieht der Bischof nur auf die Röcke.
Und weil in den ältesten Dommauern noch ein
Hauch von jenem hängengeblieben ist, der hier
mal war, am Anfang, als deshalb die Lieder davon am Ende so gut wie am Anfang waren, fällt
der Lay ein, daß der Mann bei ihr war, als ihr
Lied anfing, und da hört ihr Lachen auf. Und
wie der Mann bei mir war, fällt ihr ein, war
mitten unter uns jener, von dem hier noch der
Hauch hängt. Da sagt sie:

> Herr Bischof, laßt mich sterben,
> ich bin des Lebens müd',
> weil jeder muß verderben,
> der meine Augen sieht.

und dann:

> Ich darf nicht länger leben,
> ich liebe keinen mehr, –
> den Tod sollt Ihr mir geben,
> drum kam ich zu Euch her!

und dann:

> Mein Schatz hat mich betrogen,
> hat sich von mir gewandt,
> ist fort von mir gezogen,
> fort in ein fremdes Land!

und dann:

Drum laßt mein Recht mich finden,
mich sterben wie ein Christ,
denn alles muß verschwinden,
weil er nicht bei mir ist!

Und dann nimmt der Bischof sein Fleisch in die Hand, schickt die Lay ins Kloster und nimmt sich wieder die Maria.

Der Weg zum Kloster führt am Rhein entlang. Die Lay sieht den Felsen, hebt zum letzten Mal die Röcke, den drei Rittern, die sie begleiten, geht die Luft aus, sie steigt mit ihnen am Felsen hoch, und, wie sie oben ist und die Ritter erstickt sind, springt sie runter. So steht es bei dem Dichter, der die Geschichte von solchen Frauen gehört hat, die selber ein Lied singen können.

Mein Auftritt ist von der Männerseite, die ist da, wo die Herrengarderoben sind, gegenüber der Frauenseite, wo die Damengarderoben sind, dazwischen ist die Bühne.

Der Dombau vorn ist riesig, der Felsen hinten riesig, der Gang dazwischen eng, dunkel, Splitter, Dreck. Von hinten ist der Dom ein Bretterverhau, Stangen, Leinwand, Fetzen.

Keine Stimmen da. Sonst sind um fünf vor halb

die Stimmen da, unten vorm Vorhang reden sie mit lauten Stimmen viel, weil sie in fünf Minuten still sein müssen. Das kommt hier oben wie Rauschen an, treibt einen rein in was, und da geht man doch tatsächlich auf die Bühne, haut nicht ab, lebendig durch den Regen, ich und sonst nichts, esse am nächsten Würstchenstand ein Würstchen mit großen oder kleinen Bissen, egal, keine Bedeutung drückt was aus, keiner sieht mir zu, hier wird gegessen.

Das zweite Klingelzeichen im Zuschauerraum. Jetzt müssen alle Stimmen sitzen. Aber ich hör nichts, keine Stimmen heute.

Auf der Männerseite steht das Inspizientenpult, da sagt der Hamburger im Falsett die Zeit ins Mikrophon, da scharen sich die Schauspieler, Hanz und Franz, Amsel, Karlheinz, Jakob, die Souffleuse. Klaus kommt, Wieland steht im Bischofsmantel daneben, guckt in sich, sucht den Bischof da im Dunkel.

Es wird geredet, sich erhitzt, Schauspieler sind überall gleich, ich glaube nicht, daß wir in Australien anders sind. Man redet, redet, reißt alles an sich, redet sich gemeinsam von einem Nervengewitter ins nächste.

Hochkitzeln mußt du dich, daß du ganz oben

bist, wenn du draußen bist, denn wenn du unten bist, wenn du rausgehst, kriegst du dich draußen nicht mehr hoch, das Loch ist grundlos bis zum Abgang.

Neun Zuschauer auf vierzehnhundert Plätzen! Das leere Haus wird deine Stimme schlucken, das schwarze Loch wird dich ansaugen, zack, bist du weg und weißt nicht, wohin.

Der den Abenddienst hat, kommt, rennt an uns vorbei, raus auf die Bühne, durch den Vorhang, vor den Vorhang: Meine Damen und Herren, in unseren Hausstatuten heißt es, wenn nur sieben Zuschauer da sind, muß die Vorstellung ausfallen. Wir freuen uns, daß neun Zuschauer gekommen sind. Sie werden heute abend ›Lore Lay‹ sehen, das erste Stück einer Trilogie über Sehnsucht, Liebe, Tod, mit einem Wort und, wie der Dichter meint: Sehnsuchtliebetod, ein einziger untrennbarer Begriff. Das zweite Stück der Trilogie, ›Lilofee‹, wird zur Zeit probiert, am dritten Stück arbeitet der Autor noch, Titel und Thema sind uns bisher nicht genannt. Seine Stücke sind, wie Klaus-Peter Jordan im ›Hamburger Echo‹ schreibt, freilich keine leichte Kost. Der Autor greift alte Mythen und Märchen auf, die sein Thema zum Thema haben,

das Thema, mit dem ich mich rumschlage, wie du und ich, reibe mich völlig auf daran, bleibe wund und halte es für unfaßbar, daß der oft so wahre Volksmund behauptet, die Zeit heile alle Wunden. Jeder Tod, meine Damen und Herren, wird an den roten Wunden von dem Thema gestorben und an sonst gar nichts, will sagen, könnten wir mit der Liebe, würde sie uns aufladen und erhalten, daß wir mit unseren Körpern nie am Ende wären. Statt dessen reibe ich mich von morgens bis abends trostlos an meiner harten Tischkante und werde nachts vom Mond angezogen und immer weiter auf die Schattenseite abgedrängt. Und es geht eben immer aus wies Hornberger Schießen, also ich meine, am Ende sind eben blödsinnigerweise immer alle tot. Ich wünsche Ihnen einen schönen Abend.
Abgang, kleiner Applaus. Die Souffleuse steigt in den Kasten, die Mönche setzen sich in die Bänke, der, der den Abenddienst hat, kommt, es schüttelt ihn. Es ist noch Arbeitslicht, ich geh auf meinen Platz. Das Licht geht aus, die Musik kommt, zieht den Vorhang auf: der Sprung einer Zimbel, der Bruch einer Trommel, Licht.

Die Sonne geht auf. Der Bischof traut sich die Hexe nur am Morgen zu.

Die steht vorm Dom. Der Dom steht auf dem kahlen Berg der Welt, das Kreuz, das schlimme Zeichen, in der Mitte. Hundert Türme. An ihren spitzen Spitzen hängen sich die Vögel auf, durch die spitzen Löcher pfeift der Wind. Am Kirchwerk kleben die Teufel. Die langen Zungen stehn ihnen spitz aus dem Maul, sie haben Durst, japsen nach Wasser, stehen im Feuer, sagen die, die daran glauben, daß sie nicht in der Luft stehn. Die Säulenheiligen, die Augen nach oben verdreht, krümmen sich zum Zeichen der Demut als S um die Säulen herum.

Glocken schlagen, Vögel fallen von den Türmen, ein Regenbogen zerbricht am höchsten. Hats denn geregnet? Bin ich allein? Kam ich denn nicht mit Männern und mit Pferden her?

Glocken schlagen. Ich liebe die Glocken nicht. Was in mir innen ist, wird von den riesengroßen Schlägen aufgeschreckt, was außen ist, fängt an zu zittern. Die Schläge drohn mit Schlägen – ihr Gott ist ein Mann, sie essen ihn einmal pro Woche auf. Sie werden meine weiße Haut aufstechen und das Fleisch rausziehen, werden mein rotes Fleisch ausbreiten auf dem kalten Boden, werden mit ihren Glocken draufschlagen, bis es flach liegt und nicht mehr zuckt.

Das Bühnenbild ist kein Ort, der Ort ist die Bühne. Die, die hier steht, bin ich. Es ist nicht meine Angst.

Am Inspizientenpult wird noch gequatscht. Wer quatscht denn da? Die denken, solange der Ton läuft, können sie quatschen, weil die Lautsprecher im Zuschauerraum aufgestellt sind und die Glocken da unten lauter schlagen, als sie hier oben quatschen. Ich möchte einen Stuhl schmeißen. Stühle gibts heute nicht. Ich bin die Lore Lay und nicht die Hedda Gabler.

Solange die Glocken läuten, muß ich los. Wenn das Band zu Ende ist, muß ich im Dom sein. Der Baumeister hat den Querschnitt des Kirchenschiffs vor den Dom gebaut. Da sitzen sie im Dunkeln und warten, daß ich komme.

Ich mach mich auf den Weg. Da sind die Männer hinter mir. Ich kam ja doch mit Männern her. Die Lore, die Lure, die Hure, haben die gesungen.

Der Bühnenboden ist mit kaschiertem Fels beklebt. Ich muß den langen Stoff hochheben, weil der sonst hängenbleibt. Wenn ich jetzt stolpre, sehn das nur neun Leute, besser als vierzehnhundert, wenn ich jetzt falle.

Ich steige den Domberg hoch. Amsel, Hanz und Franz, die Kirchenfürsten, knien im Querschnitt, der Bischof steht in Wielands Mantel da.

Gestern liegt nicht hinter mir, sondern auf der einen Seite in Bacharach, morgen liegt nicht vor mir, sondern auf der andern Seite im Rhein. Dazwischen steht das Kirchenschiff.

Licht fällt durch die Fenster in langen Streifen auf den kalten Boden, Wachs tropft, Rauch zieht. Sie fangen zu singen an. Sie singen einen Ton nach dem andern. Die Töne sind auf Fäden aufgezogen. Die Mönche stehn in ihren Bänken auf und halten die Fäden mit den Stimmen gespannt. Männer, lauter Männer. Maria heißt die einzige Frau, die ist aus Stein. Sie hat ein Kind im Arm. Ich hör es schreien.

Die Männer sehen mich nicht an. Sie halten die Augen geschlossen, obwohl sie die offenen Töne singen. Die meisten sind jung, es gibt nur wenig alte Statisten. Die Jungen mögen nachts hier in den Türmen steigen, zwischen den Schenkeln brennen, steigen und irren, tolle Marienlieder singen, und manchmal, in der Dunkelheit, stößt einer auf den andern, dann klammern sie sich aneinander, dann schwanken sie, dann fallen sie, und der Küster findet das Paar, verschlungen und erschlagen, in der ersten Morgenstunde und verscharrt es heimlich im Küchengarten hinterm Klosterbau. Sie lieben ihre Maria, die ist aus Stein, das macht sie wund.

Die Alten haben keine Stimmen mehr, aber die Lippen wollen noch die Töne formen und fransen aus dabei. Sie stehn in Gichtgestängen im Chorgestühl, können die Hände nicht mehr falten, können den Kopf nicht heben, kein Himmel mehr, nur noch die Erde, und die ist voll mit jungen Kreuzen. Können das Kreuz nicht werden, wie die Jungen, die sich auf kalte Steine werfen, die Arme ausgebreitet, aus zwei Beinen eins, und können sich an der Maria nicht mehr reiben.

Ich bin im Dom. Ich warte auf mein Licht. Es kommt zu spät und zu weit rechts, es wackelt, läuft hier- und dorthin, sucht mich, streift die bemalten Wände, die nur im Dunkeln aussehn, wie sie aussehn sollen, und hat mich plötzlich.

Ich bin im Licht. Ich hab das erste Wort. Neun Leute haben sich in den ersten Reihen zusammengerottet, die sehn auf mich und warten drauf. Hätten sie sich auf die gekauften Plätze gesetzt, würden sie sich verlieren, wären verloren, ohne Nachbarn mitten im Raum, einzeln ausgesetzt in die Geschichte von mir, allein wie ich und ohne Worte, ohne mein erstes Wort.

Neun Leute mit Gesichtern vom Licht hier oben hell da unten. Und wenn eins seins ist? Das große Gesicht mit den Augen? Wenn es da unten ist und mich sieht? Jeder kann sich die Karte kaufen und mich sehen, sich in die Dunkelheit stecken und mich sehn. Er würde sehen, daß ich dünn geworden bin, daß ich nicht essen kann vom Warten, daß ich den Text nicht kann, weil alles, was ich kann, nur wartet, daß er hochkommt und mich aus dem Bild nimmt.

Der Raum, der vor mir steht, ist weit, kann nicht sein Ende sehn, bin viel zu hell. Ein Schwindel, kann nicht wegsehn, noch einer, daß ich falle, bis ich weiß: ich steh mit beiden Beinen auf dem Bühnenboden und suche nach dem ersten Wort. Wie heißt das Wort, das erste, das am Anfang war?

Am Anfang war die Liebe, nicht das Wort. Und

weil die Liebe groß war, mußte sie sich durch das Wort Luft machen. Das schwebte lange im angehaltenen Atem zwischen Ein und Aus, das Wort, das erste, eine: Liebe.

Das erste Wort wird laut. Ich bin ganz laut. Das zweite Wort, das dritte. Ich bin der Eigentümer. Ich spreche sie aus. Ich bin ein Mund und eine Zunge, eine riesengroße Kehle. Ich bin es, die in Versen und in Reimen spricht.

Der Bischof sieht die Lay, der Donner rührt ihn. Bischof, du bist so bleich!

Sein Blick läuft an mir runter bis zu den Füßen, wo der harte Stoff zu lang ist.

Wieland hat den Film gesehn. So war der Blick im Film. Sie kommt, da hat der Mann den Blick. Close up, der Blick hält an. Dann geht sie rückwärts von dem Blick, ihr Rock ist kurz, meiner ist lang. Schnitt. Der breite, vorgebeugte Rücken von dem Mann, davor die Frau, den Blick von ihm im Auge. Sie geht zurück, die Einstellung bleibt stehn, steht, reizt, da greift er ihr in den kurzen Rock, da reißt der Vorhang vom Fenster. Schnitt. Und sie liegen auf dem Vorhang, auf dem sie später sitzt und wartet, und er kommt nicht, und der Vorhang bleibt, und dann kommt die Revolvergeschichte.

Aber der Mann hat dunkle Augen, Wielands Augen sind hell.

Ich spreche, und die Augen hören mir zu. Er macht den Wechselblick, erst auf den Mund, der spricht, dann hoch ins linke Auge, dann ins rechte, in beide Augen sehn ist schwer, ich weiß, und jetzt voll auf den Mund, festsaugen mit den Augen an den Lippen, zwei Lippen sind ein Mund, losreißen, wegwollen von dem ganzen Mund, zu spät, zu lang zu tief gesehen, in Panik wieder hoch zum rechten Auge, lange ergebene Wanderung zum linken rüber, und dann der letzte Kampf: das Auge anbohren, einbohren, ein kleines Vorbeugen nur, da ist der Bohrer blutig abgebrochen, ein Schreck, ein Schmerz, ein Zuck zurück zum Mund, verloren ist der Mann, versinken muß er in der Offenheit von meinen As und Os.

Das macht er jeden Abend so lange gut, bis ich ihm glaube, bis ich ihm zusehe, wie er mir zuhört, bis ich die Worte, die ich sage, nicht mehr höre, bis ich in seinen Augen meinen Mund sehn muß.

Der Mund, der spricht und spricht, die Lay hat ihren langen Text und hört nicht auf und hört nicht auf, was Ich ist, das vergißt sich.

Der Bischof sieht die Lay. Der Donner rührt ihn. Sie sieht zurück und spielt den alten Zauber aus. Sie kämmt ihr Haar und fängt zu singen an.

Die Mönchsmänner fallen reihenweise um. Kein Triumph. Die Wunde ist zu rot. Das Lied davon: Wohin, wohin nur ging er mir verlorn, warum? Wollte dich doch nicht haben und nicht erben, nur Wir, nur so, so daß ich bin wie du bin, daß du bist wie ich bist, eingezogen in dieselbe Haut, die roten und die blauen Adern eine Laufbahn, die Seelen pausenlos wie die Geschlechte reiben und reifen sich hoch, bis da wo Ende wegfällt.

Jetzt singe ich mein Lied davon, dann, Bischof, bring mich um. Denn er hat die Schere genommen und die Haut zerschnitten und das Beil genommen und die Adern zerhackt und einen Ruck getan, da waren Seele und Geschlecht nur noch von ihm und mir und Wir entzwei. Und ist mit seinem weg und kommt nicht wieder. Die Vorderseite war mir rot und roh und tief ins Fleisch gerissen, weil wir mit unsern Vorderseiten aufeinander waren, damit wir Uns sehn konnten.

Die Wunde ist gewachsen, nach innen rein ein

Loch, ein Schacht, in dem der Rest von mir umgeht, an eigene Innenwände stößt, und das tut weh.

Bischof, jetzt bring mich um, denn sonst versteint das Loch zum alten Brunnen, mit Herbstlaub oben auf dem Wasserrand.

Das Lied ist aus. Ich stehe in der Mittagssonne. Falsches Licht, Bühnenzauber. Im Theater ist immer die Nacht, während draußen die Tage vergehn.

Und wann will ich sagen: das Lied ist aus? Und wann will ich sagen: zuviel Tage vergangen, zuviel gewartet?

Das Märchen von tausendundeiner Nacht: Ich liebe dich, sagte die Hirtin zum Kalifen. Ich werde dich nehmen, sagte der Kalif zur Hirtin, wenn du schlaflos tausendundeine Nacht, im Staub der Erde sitzend, vor der Tür meines Harems verbracht hast. Sie saß tausend Nächte, und in der Nacht, die die erste des nächsten Tausends war, stand sie aus dem Staub auf und ging.

Dann wird alles blaß, dann wird alles platt, dann wird das Telefon ein Ding für sich, dann werde ich ein Ding, was ißt und trinkt, dann kann ich die Wohnung zum Fenster rausschmeißen, dann werd ich nicht hinterherspringen, dann hab ich überlebt.

Aber das kann ich nicht, aber er auch nicht, Uns sein lassen, wenn Wir so ist. Höchstens, daß er immer wieder geht und immer wieder kommen muß, wie der Mann im Film, auch wenn er hundertmal zurückgeht, auch wenn er Angst hat, wie der Mann im Film, weil keiner weiß, wohin das Wiederkommen führt. Sonst würde er doch auf halbem Weg stehnbleiben, sich an den Kopf greifen, umdrehn. Aber er geht zurück in sein Haus, sitzt an seinem Tisch, Gesicht vergraben in die Hände, rundum alle Blumen, die er mir schenken will, schon ganz verwelkt in langen Vasen. Da sitzt er und baut Straßensperren auf gegen sein Überlaufen zu mir.

Aber vielleicht ist alles halb so wild und er hat bloß den Film gesehn, und weil der Mann ihm ähnlich sieht, hat er vielleicht bloß Angst vor irgendeinem blutigen Ende. Aber die Frau im Film sieht aus wie ein Pekinese, ich sehe doch nicht aus wie ein Pekinese. Und ich war immer gegen tragische Stückschlüsse. ›Und ihr Glück, und ihre Liebe fasste seelig Eine Wohnung, Ein

69

Bett, und Ein Grab‹, heißt der glückliche Schluß von Stella.

Das Grab haben die im Film auch zusammen, nur daß der Film vorher aus ist und man nicht sehen kann, wie die Frau gleich nach dem Ende hinterherstirbt, seine Richtung genau trifft, Schnitt, dann liegt sie neben ihm, und weil vom Tod bei beiden alles offen ist, fließt alles ineinander. Wie die Lay singt, so ist das Ende vom Film.

Das Lied ist aus, ich bin jetzt fertig, Wieland ist dran.

Der Donner rührt ihn, er stammelt, lallt. Ein leeres Wort, und noch eins. Gegen die Verabredung fasse ich ihn an. Es funkt, der Strom schießt in seinen Körper. Ein Wortsturz. Er zündet sein Gefühl heiß an. Es schüttelt ihn. Er hält sich am Kreuz fest.

Ich liebe das Kreuz nicht, muß ich noch sagen. Da läßt er es fallen und kommt. Der Speichel, hart und weiß von der Erregung, klebt ihm die Mundwinkel zusammen. Er schreit, sie reißen wieder auf. Sein Körper ist hart, seine Hände gehen weit, der Bischofssamen ist ihm in die Augen gestiegen, die werden trüb davon und laufen über. Die Perückennadeln stechen mir in den Kopf. Reiß mir nicht den Kopf ab! Schrei nicht so!

Wieland ist jetzt mit dem Bischof zusammen, und zusammen sind sie stark und schreien. Ich kriege Angst, manchmal hört er nicht mehr auf. Einmal hat er geschrien, ist abgegangen, gegen eine Stellwand gerannt, geschrien, wieder aufgetreten, abgegangen, aufgetreten, das ganze Stück durch, immer gegen die Stellwand geschrien, bis sie den Vorhang gezogen haben.

Immer wenn er schreit, muß er weg, dort wo er hinkommt, kriegt er was, dann wird er still. Das muß er schlucken, bis er auch ohne wieder still sein kann, dann kommt er wieder.

Jetzt schreit er wieder. Die Hände fliegen hoch, er hält sich an der Sprache fest, zerdehnt sie, zerbeißt sie, reißt sie auseinander, spuckt sie aus. Die großen Lippen erfassen jedes Wort, die Zähne mahlen es, damit der Kopf es besser schlucken kann. Die Augen nehmen nichts mehr an, die Hände tun mir weh. Die Worte sind das einzige, was jetzt noch für ihn wirklich ist.

Der Bischof sagt, er muß die Lay lieben. Wieland muß immer lieben. Wenn eine Liebe aus ist und keine andere da, muß er schreien. Sitzt tagelang in der Kantine, schreit die schlimmen Gretchentexte, schiebt den Bauch vor, sagt, er sei schwanger und verlassen, und läßt das verlassene Kind laut aus sich rausschreien. Einmal hat er mir das Messer vorgehalten. Er liebt Männer, ich habe das Messer nicht auf mich genommen. Danach hat er auf der Kirchenallee einem Jungen die Eistüte weggerissen und: Dem Kind den Kopf abschlachten, hat er geschrien und mit dem Messer die Eiskugel von der Tüte geschlagen.

Er hört jetzt nur auf Worte. Ich falle mit meinen in seine rein. Ich schreie, daß er meine hört, ich schreie höher als er schreit, deshalb hört er sie.

Ich schreie, und du hörst mir zu, und wenn ich leiser werde, wirst du stiller. Ich wiederhole mein letztes Wort wie eine Formel, wie das Amen am Ende der Sprache steht und nichts mehr zuläßt hinter sich.

Er schlägt das Kreuz über der Hexe und spricht den Urteilsspruch wie der Bischof, schleppt sich zur Bühnenmitte und bricht exakt vor der Maria zusammen. Die Neun da unten werden Wieland abnehmen, daß der Bischof am Ende ist.

Der Inspizient ruft die zweite Szene ein. Er flü-

stert, ich hör ihn trotzdem, weil er nicht flüstern kann, weil er immer ins Falsett rutscht.
Jetzt sind die Mönche wieder dran. Die Stimmen kreuzen sich auf langen Gängen, ziehn einzeln hoch, treffen sich wieder als Streben in der
Mitte, bauen gemeinsam gotische Spitzbögen
auf. Ein Stück Angst von der Lay: das, was
dann kommt, steht laut vor mir. Ich muß immer wieder leben und sterben. Ich kann die Bilder davon sehen. Es sind nicht Bühnenbilder.
Sind Bilder, die von je und je zu mir herüber-
kommen, schwarzweiße Negative, die nie aufhören zu entwickeln. Müssen ins Wasser fallen,
daß sie ausgehn, Lärm von Wasserfällen, der
Rhein kommt später und fließt alles weg.
Sie bringen mich aus dem Querschnitt des Kirchenschiffs. Die Sonne geht unter. Mein Kleid
ist rot. Wie die Musik kommt, steigen die Tränen.

Alles vorbei. Was bleibt, bin ich.
Dann kommt Harun und hilft mir abgehn. Hinter der Bühne ist Schwarz. Blaues Notlicht seh
ich nicht, wenn ich aus der Sonne komme und
meine Knie zittern. Harun ist jeden Abend
da, nimmt meine Hand, führt mich durchs

Schwarz, wo überall die scharfen Kanten der Kulissen, ist jung, ich kenn ihn auch im Licht, ist Syrer, hat die Augen von da unten, hilft umbaun, wenn er mich nicht führt, hat heiße Hände. Ich lass mich führen, auch wenn die Hände feucht sind, auch wenn er eine unter meine Achsel.

Umbaumusik. Die nächste Szene spielt in der Bischofszelle. Sie reißen das Kirchenschiff ab und bauen die Zelle vor den Dom. Sie schreien, weil sie umbaun, die Musik zieht auf. Drei enge Zellenwände, dagegen rennt die Bischofslust. Der Bischof leidet die Lust, die Lay sitzt, an ihr Haar gefesselt, zehn Klafter unter der Zelle. Er wird nicht die Kellertreppe nehmen und kein Loch bohren, übel vor Lust, elend vor Lust wird er eine halbe Bühnenstunde lang schreien, bis er schlappmacht, dann wird er sich umdrehn und die Maria packen.

Harun hat mich zur Feuertür geführt, reißt sie auf, sieht mich an mit den Augen. Ich lache. Die lacht, soll er denken, die hat einen, der sie lachen macht, soll er denken und die Hand unter meiner Achsel wegtun von mir und die Augen zumachen.

Wie alt bist du?

Einundzwanzig.
Hast du keine weiche Frau?
Die Musik läuft weiter. Harun geht zurück auf
die Bühne, baut um, schreit mit.

Ich muß jetzt lange warten, bis ich wieder dran
bin. Die zweite Szene hat der Bischof, dann ist
Pause, dann kommt mein letztes Bild.
Neben meiner Garderobe haben die Garderobieren den Raum, wo sie Kleider bügeln,
Schuhe wichsen, essen, trinken, warten, bis wir
rufen. Bügeltisch, Nähmaschine, verstaubte
Kakteen, verblühte Alpenveilchen, Tierbilder
an den Wänden, junge Hunde, blinde Katzen,
Affe mit Schnuller, Elefant mit Schleife. Auf
dem alten Eisschrank, gefüllt mit Piccoloofla-
schen, der alle fünf Minuten scheppert, wenn
der Strom ins Eis schießt, steht der Fernsehapparat. Der läuft jeden Abend, dröhnt durch in
meine Garderobe.
Die meisten sehn in ihren Pausen fern, auch die
von unten, die Alten und die, die nur die großen
Rollen spielen, trinken ihren Piccolo vorm
Fernsehapparat, tauchen in einen Film ein, ge-

hen unter, werden im Falsett eingerufen, tauchen auf, schwirren auf die Bühne ab.

Wenn ein Film läuft, in dem eine von uns mitspielt, rennt die von der Bühne hoch, zwei Schritte vor dem Raum, in dem ihr Film läuft, stoppt die, tritt langsam ein, läßt sich tief in einen harten Stuhl fallen, trinkt zwei Piccolo auf einmal, lacht, erzählt, was so an Anekdoten beim Filmen abgefallen ist, lacht, wippt, der harte Stuhl wippt mit. Bricht den Satz ab, wenn sie dran ist, beugt sich zwei Meter vor, wenn sie sich sieht, die lockere Maske fällt ihr dabei runter.

– Du siehst dich und erschrickst: du siehst anders aus als dein inneres Bild, als dein Spiegelgesicht, hast Reißzähne, Stielaugen, lange Finger, krumme Beine. Das bin ich, siehst du und mußt dich an deinen inneren Werten festhalten. Aber die Szene dauert, und du gewöhnst dich, erkennst dich, verstehst, empfindest mit, fühlst genauso, ein stolzes Zwillingsgefühl reißt dich hin und hebt dich ab von allem Schiefen, Krummen. –

Wenn sie nicht mehr im Bild ist, richtet sie sich auf, sieht sich in den Gesichtern um, und wenn sie nichts in den Gesichtern sieht, trinkt sie noch einen Piccolo und sucht die Maske, findet sie, setzt sie wieder auf, die sitzt dann schief. Wenn sie im selben Film noch einen zweiten Auftritt hat, bleibt sie mit schiefer Maske grade auf dem Stuhl und sagt: Das Wetter beim Dreh war mies, das Hotel schlecht, der Regisseur hat kein Konzept gehabt, der Partner kein Charisma. Wenn sie sich wieder sieht und die zwei Meter vorbeugt, hält sie die Maske so fest fest, daß die verbeult. Und wenn sie sich dann wieder umsieht, und wieder nichts in den Gesichtern, macht sie sich an den Garderobieren fest, die haben Angst vor der verbeulten Maske und sagen lieber nichts. Da fragt sie nach und spricht die Antwort vor, bis eine nachspricht, was sie vorspricht.

Ich will nicht fernsehn heute. In meine Garderobe dröhnt der Fernsehton, in der Kantine lachen die Statisten, in den Kellerlöchern stampfen die Maschinen. Im Zuschauerraum sitzen neun Leute in den ersten Reihen, die Ränge sind leer und dunkel, da sieht mich keiner, da kann ich Wieland zusehn, was der Bischof macht, und im Dunkeln mit mir bleiben.
Ich mache die Feuertür zum Zuschauerhaus auf, übertrete mit ein, zwei Schritten das Ge-

setz, gehe in Kostüm und Maske von jenseits nach diesseits rüber.

Die Garderobenfrauen sitzen bei den Mänteln, sind alle alt, die meisten Witwen, bessern hier ihre Rente auf, stricken Socken für die Enkel, wenn keine da sind, für die Tombola beim Altennachmittag, der ist einmal im Monat, sonst warten sie sich durch die hohlen Tage, bis es sechs Uhr ist, bis sie in die U-Bahn steigen, um herzufahren. Schlimm sind die spielfreien Tage, die muß man kaputtkriegen, das will gelernt sein, das braucht Jahre. Die Tochter hat ihre Familie, der Kaffee in den Cafés ist zu teuer, denn für die Tochter muß gespart werden, damit die im Sommer mit der Familie nach Spanien fahren kann. Der Sohn wohnt im Schwarzwald, man sieht sich alle zwei Jahre, einmal im Monat ruft er an, dann freut man sich und vergißt vor Freude das wenige, was man sich zu sagen hat, deshalb werden die Anrufe immer kürzer. Also hängt man sein Herz an den Kanarienvogel, weil das Herz irgendwo hängen muß, der heißt Max, wie der Mann, der vor zehn Jahren gestorben ist, und wenn der zweite Max stirbt, muß der dritte her.

Die Logenschließer und die Platzanweiser stehn

in der Eingangshalle, die Uniformen glänzen speckig, den meisten wachsen Haare aus der Nase und den Ohren, gelbe Finger, lange Nägel, das sind die Witwer. Wohnen in möblierten Zimmern, rauchen viel, trinken viel, sagen, ihre Nächte würden immer länger. Man wacht von seiner eigenen Lust auf, sagen sie, wenn sie nach der Vorstellung um elf, halb zwölf in der Eckkneipe von St. Georg stehn und zu reden anfangen. Um zwölf, halb eins, sagen sie, daß der Körper fiebrig wird, wenn er im Bett liegt. Man stellt sich diese oder jene so oder so vor, sagen sie, und sieht die tote Frau, wie sie gelebt hat, und es fällt einem ein, was man mit ihr nicht getan hat, weil man geglaubt hat, man könne seinen Wünschen nicht trauen.

Die Männer gehn nicht zu den Frauen rüber, die Frauen bleiben bei den Mänteln sitzen. Es ist wie Schulhof, die unter fünfzehn stehen nie gemischt, denken, wenn einer sie zusammen sieht, kommt dem das Bild von Fleisch auf Fleisch. Von alt auf alt, das Bild ist falsch, verdeckt, was richtig sein kann. Da gehn sie lieber nicht rüber, da bleiben sie lieber bei den Mänteln sitzen und haben im Fieber einen Max nach dem andern.

Wie hat der Leo gesagt? Ein gutes Glück altert nicht. Aber was wird sein, hat Lea gefragt, wenn wir mit tote Leiber steif nebeneinanderliegen im dunklen Kewer? Werd ich es fertigbringen, ein Hand und ein Fuß zu dir rüberzustrecken, und wirst du das dann also merken, wie wenn ichs dir in deinen Nachtschlaf tu?

Eins werden wir sein, hat Leo geantwortet, vorerst noch als gepaarte Seele erst, aber wenn der moschíach wird gekommen sein, auch als Fleisch und Blut mit Menschenglieder. Dann werden wir uns die Scherben von den Augen nehmen, und du wirst mir alle deine Schöne wieder zeigen. Wir werden uns ein Loch durch die Welt bohren und dann leibhaftig wandern vom Frankfurter Friedhof Eckenheimerlandstraße heim ins gelobte Land.

Die Mantelfrauen und die Logenmänner sehn mich vorübergehn. Sie wissen, wo ich hingehöre, im harten roten Kleid mit dem Gesicht von der Lay. Was hier geht, ist aus der Rolle gefallen, Gespenst vom Diesseits ins Jenseits gedrungen, sie starren mich an, wissen nicht mehr, ob ihre Ordnung stimmt.

Die Spitzen von Wielands Stimme kommen durch. Er schreit. Die Kirchenfürsten wollen

Feuerwerk in die lange Nacht, Hexenfleisch brennt bunt. Aber der Bischof hat die Lay ins Kloster zum hölzernen Sohn zwischen die sanften Weinberge beschlossen und bleibt dabei. Die Kirchenfürsten gehen ab, Wieland hat gleich seinen großen Monolog. Monologe sind das Verrückte: ich hör mir zu, wenn ich mir sage, was ich denke. Ich kann weit gehen, auf den Gedankengängen rennen, stehnbleiben auf den leeren Plätzen.

Ich bin im ersten Rang, mache die Flügeltüre auf. Die Geistlichkeit herrscht im Dunkeln, der Bischof geht zur Hölle. Unten ist die Mitternacht, und der Monolog dauert bis zum frühen Morgen, bis sie zur ersten Messe läuten, bis das erste Frühlicht durchs Fenster, vor dem um diese Mitternacht die Teufel fratzen.
Neun Leute sitzen vorne, obwohl von hinten alles wahrer aussieht.
Die Faune und die Nymphen an den Rängen und Balkonen. Nackt sind die, keine Spur von Demut, die krümmen sich nicht wie die Heiligen am Dom herum, die stehn gerade in der Luft, ihr Fleisch strotzt.
Wieland sieht von hier oben anders aus. Unten

ziehen die Augen Wasser, Bäche, und das Hemd naß, der Mund, der eher wie was Großes, Eigenes ist, was nicht zu dem Gesicht gehört und nur per Zufall seinen Ort da hat, das rote Haar, das fremd riecht, weil ich braunes habe.

Er geht die Zelle ab, spielt Käfig. Er schlägt sich nieder, bis er umfällt, nur daß er nicht zu der Lay steigt und das Gitter aufschließt und zu ihr steigt und drinnen bei ihr macht, wozu die Lust da ist.

Mönchskasteiung mit Gebet und Geißel. Des Bösen Fleisch ist eingefahrn in sein Gebein, und das ist sauer, bitter, herbe, giftig. Der Bischof muß die Länge und die Breite der Hölle sehn, muß die Fäulnis riechen und die Tränen und die Traurigkeit schmecken, muß die Hitze fühlen, die die Seele brennt, und den Gewissenswurm der Hölle kosten.

Der böse Feind tanzt ihm auf der Nase herum, sein Schlangenschweif kommt ihm ins Auge, er betet: Nimm hin, o Herr, und empfange alle meine Freiheit, mein Gedächtnis, meinen Verstand und allen meinen Willen.

Die Mönche treten auf, steigen hoch zum Dom, singen die Mitternachtsmesse. Vom Ton kommt der Hall dazu, daß es widerhallt in den Kreuzgängen aus nassem Mauerstein.

Der Bischof wird zum Monstrum, das schreit nach der Lay, das die Sprache verliert, das lallt, das sie wiederfindet und damit schreit nach Schmerz und nach Beschämung. Das Bußhemd zerreißt, der Riß ist falsch, der Ton, es ist ein Klettverschluß. Das Monstrum bleibt und züchtigt sein Fleisch.

Warum tat Gott das, daß er Adam zertrennte und in zwei Bilder brachte, brüllt der Bischof.

Was brüllt der Bischof, singt die Lay, wie geht der Film, und er und ich? Er kommt, und warum geht er wieder?

Er kommt, wir knöpfen unsere Knöpfe auf, die beiden Bilder stehen voreinander, wir sagen ja, und das ist die Wahrheit, ja, sage ich, ja, ruft er mir, die Bilder kommen zusammen, passen, das Bild stimmt.

Und warum geht er wieder?

Weil das Lied alt ist und immer derselbe Film: der Spielort ist ohne anderswo, der Verstand steht still, der Wille tut nichts, das Gedächtnis hat vergessen. Was ist, bleibt in der Zeit stehn. Kein Tag, kein Nacht, kein Ich, kein Du, nur Wir.

Ohne Ziel geht die Wiederholung und bleibt das erste und selbe, bis sie es kennen.

Was jetzt, wohin gehn wir? Höher, sagt die Liebe, weiter, sagt die Lust.

Da ist die Wiederholung zu Ende, und da fängt die Steigerung an. Die steigt und steigt und hört nicht auf und hört nicht auf.

Da kommt die Angst, und die ist die Furcht vor was, das schon passiert ist, vorher, als die Wiederholung zu Ende war.

Dann kommt der Schreck in die Angst, denn der erste Atem geht aus, denn die Steigerung ist kurz vor der Baumgrenze.

Da liegt der eine wach im Bett, das ganze Gesicht des anderen schläft, und die Angst hat den einen, daß der andere was Gewesenes von ihm ist. Der andere schläft tief und hört die Angst des einen, kann nicht erwachen, ist zu müd vom Steigen.

Am Morgen fängt die Zeit wieder an, da steht der andere auf und sucht und findet den Verstand zurück, sieht den einen im Morgenlicht: die Baumgrenze sieht kahl aus. Da fängt der Wille wieder an, und das Gedächtnis besinnt sich, da hält man sich nur noch im Dunkeln fest, im Hellen ist für den einen der andere zu laut. Der Tag ist lang, das Laut braust auf, der Lärm treibt auseinander. Da rennt der eine weg, schlägt die Tür hinter sich zu, und der andere zieht die Decke übern Kopf und bleibt noch lange am Tisch sitzen, nachdem er aufgestanden war, aus dem Bett, aus dem der andere aufgestanden war.

Oder rennt ihm nach und bleibt auf der Strecke beim Versuch, ihn einzuholen, denn der andere ist längst ins Eismeer zwischen die Pole gesprungen, untergegangen oder den Fuß aufs eigene Land gesetzt.

Die Brüstung vom ersten Rang ufert aus. Ich stelle mir sein Gesicht vor mich hin. Seine Schläfe schlägt laut, das Blut aus seiner Schläfe überschwimmt meine Augen und die Ohren.

Nein! sage ich dir, bloß weil du den Film kennst und schon die x-te Strophe gesungen hast, mußt du nicht immer wieder gehn. Gib mir die Hand in die Hand, steig mit mir über die Baumgrenze, hundert und hundert Meter weiter wird der Boden ganz glatt, der Berg ist zu Ende, das Bild stimmt doch. Wir sind in das Bild gestellt, das wir sind, sehr rot, sehr, sehr rot. Dann steigen wir weiter über den Bildrand und finden uns, wo wir nichts mehr sind, ganz.

Wieland schreit, er schreit zu laut, der Schmerz tut ihm weh, er rennt gegen Stellwände, der Schwindel verdreht ihm den Kopf.

Da schreit noch einer, steht vom Sitz hoch aus der zweiten Reihe, ist ein Mann, schreit, schimpft, reißt die Frau neben sich mit, da schreit die auch. Der Mann rennt durch die Reihe, die Frau ihm nach, stößt sich an leeren Sitzen, schreit auf, hält die weiße Stola fest. Der Mann rennt durch die Flügeltüre. Sie will ihm nach, er schreit zu laut, hat keine Hand frei, ihr die Türe aufzuhalten. Die Flügel schlagen auf sie zurück, da muß sie wieder schreien, die weiße Stola fällt ihr runter, sie bückt sich, jammert, draußen schreit der Mann, sie drückt sich durch die Tür, ihm nach.

Warum tat Gott das, daß er Adam zertrennte und in zwei Bilder brachte, brüllt der Bischof wieder.

Draußen schreit der Mann, Wieland schreit, ich schreie mit. Ich habe die Dame meines Herzens nie gesehn, schreit Don Quichotte. Sie ist vielleicht bloß der Mann aus dem Film, in dem die Frau nicht mehr schreien kann, sondern schießen muß. Filmmänner können keine Briefe zum

Pförtner legen, keine Anrufe telefonieren, nicht mal vor der Tür stehn plötzlich. Oder sie machen denselben Fehler wie ich, fallen im Kostüm aus der Rolle, fangen an zu schrein, wenn sie als Zuschauer ihrer Leidenschaft zuschaun, die sie auffrißt wie die Biene die Birne.

Gleich ist die Pause. Ich muß hier raus aus meinem eigenen Theater. Muß rennen, und der Stoff ist an den Füßen viel zu lang. Die Musik setzt schon ein. Ich renn die Stufen hoch zur Flügeltüre. Wenn mich die Neun da unten sehn, in Maske und Kostüm und sonst nur ich, wie ich renne, gehts ihnen wie mit fünf, wenn der Nikolaus kommt: du weißt genau, das ist der Onkel Fritz. Er spielt die Rolle schlecht, aber du nimmst sie ihm ab, weil du willst, daß es den heiligen Mann gibt. Und wenn er zur Türe raus ist, liegst du am Fenster auf der Lauer, denn du bist erst fünf und voll mit Hoffnung, daß die Wahrheit nicht stimmt, daß der Mann auf dem Schimmel ab in den Himmel. Aber wenn du den Fritz draußen siehst, wie er sich mühelos die weißen Augenbrauen aus dem Gesicht zieht und den Bart abhängt, unterm roten Mantel den Flanellanzug trägt, an die Gartenmauer pißt, und als Fritz ins Haus zurückkommt, dir zur Begrüßung übern Kopf streichen will, beißt du ihm in die Hand, heulst, rennst weg, versteckst dein Elend unter der Bettdecke. Nimmst noch die Puppe mit, die starrt dich an. Du glaubst ihr nicht mehr, läßt dich auf nichts mehr ein, willst wissen: Reißt Arme aus und Beine aus, schlitzt Bauch auf, nichts, kein Blut, und nirgends eine weiße Seele. Da wird auf einmal, was bis dahin voll war, leer und zieht dich in der Mitte lang, und du bist lange still, kannst gar nichts sagen. Der Puppenkörper ekelt dich, du vergräbst ihn mit spitzen Fingern im Garten hinterm Haus, wo die toten Vögel liegen.

Die Musik läuft. Ich renn die Stufen runter. Durch den Gang, wo die Frauen bei den Mänteln sitzen, wo die Männer bei den Türen stehn. Logenschließer öffnen Türen, hüten die Schwelle und den Zauber, auch wenn er selten einsetzt, tun sie, als sei er immer da. Zauber braucht Ordnung, und dafür steht das Ritual: wenn die Musik aus ist, werden alle Türen aufgerissen für die paar Mann und Frau.
Sie sind erschrocken: ich bin hier und gehöre

nach da. Ich renn ihr Ritual kaputt. Und weil der Stoff zu lang ist, halt ich ihn zu hoch, und unterm Stoff sind lange Unterhosen, denn es ist Winter, auf der Bühne ziehts. Da sind die sehr erschrocken, denn sie tragen das Marienbild in sich, unter solchen Röcken sei nur Luft. Solche Bilder können trösten, davon kann man schlafen, wenn man sie auf die andern Bilder legt, wo unter Röcken so viel Fleisch steckt, daß man davon nicht schlafen kann.

Ein Mann in Hut und Mantel auf dem Gang, und hinterher eine Frau, die weiße Stola schleift, sie will mit dem Arm in die Persianerjacke, bleibt stehen, sucht das Ärmelloch, der Mann dreht sich um, schreit sie an, rennt weiter, sie folgt ihm.

Sie kommen auf mich zu. Kann ich so tun, als wär ich nichts, mit dem Rock übern Kopf? Kann ich so tun, als wär ichs nicht, und bellen und grunzen, daß sie den Augen nicht trauen wegen der Ohren? Oder so tun, als wär ichs, und sagen: Das hier bin ich, das war nur ich, sonst nichts. Ich mach jetzt Pause, trinke Tee. Oder die Lay sein, die lächelt und vorüberrauscht, als sei der Gang ein Übergang, durch die Flügeltüre, durch die leeren Reihen, über

Stufen, auf die Bühne. Zwischen den Samtvorhängen längst verschwunden sein, wenn der Mann und die Frau mit den anderen sieben mir noch lange nachsehn, und die Logenmänner mit den Mantelfrauen Beifall klatschen, weil der Zauber Füße bekommen hat.
Sie rennen an mir vorbei und sehn mich nicht, er hat den Kopf im Nacken zu weit oben, sie sucht das Ärmelloch und seine Fußstapfen.

Ich gehe durch die Feuertür zurück von da nach hier. Die Musik läuft noch. Die jungen Mönche kommen von der Bühne, sie lachen, sie kommen aus was raus und da merken sie, daß sie in was drin waren, da müssen sie lachen, sich den Zauber von den Lungen lachen.
Die alte Maria hat die Tür sperrangelweit, sitzt offen da, sieht sich die jungen Mönche an, ruft sich einen rein, läßt sich den Jungen drehn und wenden, lacht ihn an, lacht ihn aus, schickt ihn weiter.
Der Junge hat Glasaugen. Musikende.

Der Pausentee ist kalt geworden. Das Licht ist kleingedreht. Der Fernsehapparat dröhnt durch.

Ich sehe mein Gesicht im Spiegel, ich mache ein Gesicht. Drei Jahre Schauspielschule und fünf Jahre Praxis, die Gesichter sind mir in Fleisch und Blut übergegangen, sogar übers Weinen hinaus, bis in die stille Ruhe danach, bis in den Schlaf und durch ihn durch, sogar noch ins erste üble Erwachen. Und wenn ein Spiegel da ist oder eine Fensterscheibe, schau ich mir zu dabei, kontrolliere und verbeßre meinen Ausdruck, weine lauter, schlafe tiefer, wache noch ein bißchen übler auf.

Aber wenn er kommt und ich vorher zwei Stunden in den Spiegel gesehn, und kein Gesicht hat mir für ihn genügt, und wenn er da ist, über mir oder unter mir sein großes Gesicht, da hab ich meins schon ganz vergessen.

Aber wenn er wieder geht, wie er immer wieder geht, wird das große Gesicht mit jedem Schritt kleiner, und wenn er weg ist, weiß ich wieder nicht, wie die Stirn in die Nase übergeht, wo das Kinn aufhört und der Hals anfängt, ob das sein Mund war oder meiner, und ob die Augen braun sind, weil sie glänzen. Ich weiß nichts mehr aus dem Gesicht, nur daß es groß ist, wenn er da ist.

Wenn ich ihn unter Leuten sehen könnte, könnte ich ihn betrachten, mir seine Einzelheiten merken, und wenn er fort ist, mir das große Gesicht daraus zusammensetzen, aber ich sehe ihn nie unter Leuten.

Die Frau im Film hat ihn auch nie unter Leuten gesehn, bis sie keine Luft mehr kriegt, bis sie wegrennt und er ihr nach, und dann landen sie in dem Tanzlokal.

Jetzt wird getanzt, Baby, sagt er und kriegt sie zu fassen und dreht sie rum, aber der Boden ist glatt, und sie rutscht ihm durch die Finger. Dann kommt der Schnitt. Sie liegen unter Rökken, Hosenbeine in den Röcken, fliegende Röcke um die Ohren.

Das Orchester spielt den Tango. Ich glaube, sagt er, zwischen zwei Hosenbeinen, wenn ich dir nicht begegnet wäre, hätt ich mich irgendwo auf einen harten Stuhl gesetzt und einen Hamburger verdrückt.

Aber sie hat Ohrensausen, weil sie keine Luft mehr kriegt, und versteht nicht, was er sagt, zieht sich raus und rennt weiter: Ich will weder dich noch mich, ich will weder mich noch dich, laß mich aus und hör auf! Aber weil sie keine Luft mehr kriegt, versteht er nicht, was sie sagt, und rennt ihr immer weiter nach.

Ob sein Gesicht auch groß war, wenn er bei ihr war? Ich kann mich nicht erinnern. Wenn close ups an den Stellen sind, ist alles klar. Aber ich kann den Film erst wieder sehn, wenn er wiederkommt, denn bis auf das Ende stimmt der Film, und ich würde dem bösen Ende sonst alles glauben.

Der Film stimmt, und die Frau hat ihn nur nie schlafen sehn, sonst wüßten wir das ganze große Gesicht gut, würden mehr Einzelheiten besser kennen, als hätten wir es bloß unter Leuten gesehn.

Aber sie schlafen nicht bei ihr und mir. Aus Angst, daß sie im Schlaf an Orten, von denen sie wach nichts wissen, mit uns wohnen und später meinen müssen, sie wohnten mit uns. Aus Angst, daß sie das große Gesicht im Schlaf verlieren, loslassen, was sie sonst festhalten, da rutscht was weg, da fällt was auseinander, und sie und ich, wir sähen hin, und wenn sie wach wieder zusammengesucht und richtiggestellt vor uns stünden, hätten wir keine Lust mehr hinzusehn. Aus Angst, daß wir auch schlafen, daß sie vor uns erwachen, daß wir da mit offenem Mund und plattem Körper, seelenlos und ganz platt mit Mundgeruch.

Hast du Angst, ich wache auf, sehe dich an und sage: Was, du?

Mir ist kalt, du deckst mich nicht zu, sagst du.

Aber du stehst doch und trinkst und schwitzt, jede Decke rutscht an dir ab.

Da geht der Streit schon los, sagst du und gehst gleich zweimal oder doppelt.

Ich doch nicht, sage ich, aber du bist weg.

– Dabei will ich ihn doch nur wiegen und das große Gesicht betrachten und wissen, wie es ist, wie es riecht und welchen Ton es hat.

Und wenn er mittags immer noch schliefe, würde ich ihn immer weiterwiegen, wie die Maria, die ihren toten Sohn in alle Ewigkeit gewiegt hätte, wenn nicht irgendein Fatzke gekommen wäre und ihn ihr weggerissen. Und würde er am Nachmittag erwachen, würde ich mich vom langen Warten steif, wie die Maria aus Holz, beugen, beugen, seinen weichen Mund küssen, den ich sonst lange küssen muß, bis er so weich wird, wie er sein würde, wenn er in meinem Schoß so tief geschlafen hätte, küssen würde ich ihn und sagen: Steh auf, mein

Freund, die Nacht ist vorbei, der Schlaf ist vorüber, geh, wohin du willst, oder nimm mich mit, dann laufen wir.

Aber er schläft nicht bei mir. Er kommt und ist da, und wenn wir später auf unseren Stühlen sitzen und ich kein Gesicht mehr habe, das ich weiß, geht er wieder. Wenn er dann vor der Tür steht, wie er immer vor der Tür steht, wenn er wieder geht, fällt mir mein Gesicht wieder ein, und ich setze schnell ein anderes über die nassen Tränen drüber und kann still sein, muß nicht fragen: Warum gehst du, und wann kommst du wieder?

Und warum frag ich nicht und lass die Tränen laufen? Weil er immer wieder gehn kann, wie der Mann im Film, die beiden können das, was soll ich da noch fragen, die Frau im Film heult auch nur, wenn er weg ist. Da hab ich lieber das Gesicht. Das setz ich so fest auf, daß es noch festsitzt, wenn er weg ist. Geh durch den langen Flur zurück zu den zwei Stühlen, trinke sein Weinglas leer, mit dem aufgesetzten, schmerzlosen runden Mund, gieße nach, trinke aus dem Glas, aus dem er getrunken hat, bis der falsche Mund bröckelt und der echte durchbricht, und dann brauch ich einen Knebel.

Kriech ins Bett, zwischen die Tücher, die ich mit ihm hatte, noch zwanzig Grad Wärme von uns, schlafe ein vom Wein, schlafe mich mit den Tüchern durch die Nacht, wach grau am Morgen auf, die lange Leere vor mir läuft und läuft.

Geh ins Theater, geh wieder heim, schlaf in den Tüchern, bis er wiederkommt, dann gibt es neue Tücher, wenn er wiederkommt.

– Wegrennen, dahin, wo sie schießen und sehen, was alles kaputtgehn kann. Oder im Winter in der Sonne baden, Haut wird heiß und rot, Verbrennung ersten Grades, dann kommt der Sonnenstich, die Haut wirft Blasen, Verbrennung zweiten Grades, die Haut springt auf, das Fett kocht ein, das rote Fleisch wird schwarz, Verbrennung dritten Grades. –

Zwischen zwei Atemzügen macht sich die Leere breit. Bin doch noch jung, kann sie noch füllen, müßte sie doch noch füllen können, füllen, füllen, Leben feiern.

Da wird nichts draus, sagt die Stimme, die sitzt, zu dem Spiegelgesicht. Und wenn er nie mehr wiederkommt? Wird nichts sein. Aber nach zwanzig Jahren ist nichts lang und dicht, da hat die Leere dann null Platz. Und die alte Ich wird

noch sitzen, mit Zopf und Bart durchs Nonnen-
stiegparkett gewachsen, und demselben einzigen Blick aus dem Fenster, voll mit nichts als
Du.

Ich werd dir erklären, hat Leo mir gesagt:
Adam, das waren Adam und Eva in einem Körper vereinigt, ehedem. Das war der Mensch,
den Gott gemacht hat, und so war es gerecht,
und warum es anders gekommen ist, kann ich
dir auch nicht sagen. Aber ich weiß: wenn die
Liebe zwischen zwei Menschen kommt, dann
hat sie die Funktion von Leim, und die zwei
können eins werden zusammen, wie Adam.
Und wenn ihnen kein Gedanke auf die Seite
geht, dann hält der Kleister, und sie haben das
Paradies schon auf der Erde.

Der Lautsprecher rauscht: Achtung, eine
Durchsage. Der, der den Abenddienst hat,
spricht. Alle Darsteller von ›Lore Lay‹ werden
umgehend ins Konversationszimmer gebeten.
Im Januar kommt der Spion aus der Kälte, legt
sein frostigstes Gewehr an, Babababamm.
Ich drehe das Licht hell. Die Schminke ist ver-
schmiert, seh aus wie sechs, geheult, Bonbons
gelutscht, Brause getrunken und mit Dreck ge-

schmissen. Der Klebstoff für die Perücke hat nicht gehalten, die Gaze steht vom Kopf. Wo sie angeklebt war, klebt das Mastix gelb und hart auf der Haut und macht mich, daß ich krank aussäh.

Die Perücke muß neu geklebt werden, die Pause ist zur Erholung da, ich hätte gern in Ruhe kalten Tee getrunken. Aber wer am Theater ist, hört auf die Töne, die von oben kommen.

Die Mädchen von Maske und Garderobe stehn im Gang, der Ton von oben hat sie aufgeschreckt. Aber, wer am Theater ist, hat Lust am Schreck. Die Lust wird sich in die Gesichter der jungen Mädchen graben, und wenn sie am Theater alt werden, werden schreckliche Lustfalten querstehn.

Das Konversationszimmer ist auf der Herrenseite, der schnellste Weg führt über die Bühne.

Die Garderobiere und die Maskenbildnerin von der Maria sind alt, aber werden noch gebraucht. Alte Schauspielerinnen wollen keine jungen, die alles haben, was sie auch mal hatten, und die noch meinen, daß sie es behalten können, die den Geruch von altem Fleisch nicht kennen, nicht wissen, daß kein Waschen hilft, nicht wissen, wie das ist: schlecht schlafen, schlecht verdauen, unter den Brüsten wund, die schweren Beine. Nicht wissen, wie das ist, nachts fünfmal raus aufs Klo und beim sechsten Mal das Erschrecken über die fremde Alte, die einen aus dem Spiegel ansieht. Nicht wissen, wie das ist, wenn das Gefühl zwischen den Schenkeln nicht zwischen schlaffe Schenkel paßt, nicht wissen, wie das ist, das Blut stockt, steht, der Text ist weg, das Blut fließt mühsam weiter, Theaterblut verläuft sich in Kulissen.

Kein Umbau auf der Bühne, kein Mensch, kein Geschrei. Sie müßten doch längst auf den Rheinfelsen umbauen.
Vom Felsen sprang die Lay, brach sich am glatten Wasser das Genick, versank.
Und der Rhein schwappt nicht über, hört schnell zu kräuseln auf, fließt und fließt fort, und nur wer lange zusieht, wie er ein Fluß ist, weiß, worums geht.
Es bimmelt, der Eiserne kommt runter. Wieso denn in der Pause? Doch erst am Ende, wenn alle weg sind, kein Star mehr und kein Mädchenkopf. Der Eiserne macht seinen Dreimetersatz.

Ich muß durch die Bischofszelle. Der Boden ist naßgeschwitzt, so hat er geschwitzt. Die Höllengedanken stehen noch aufrecht zwischen den Kulissen. Schlafende Bilder, wachgemacht und aufgebracht und bis zum Äußersten getrieben, brauchen ihre Zeit, bis sie zu wirken aufhörn können. Ich muß mich durchzwängen.

Im Konversationszimmer läuft der Fernsehapparat.
Wieland tropft noch, steht an der Wand mit dickem Mund, beißt weiter auf.
Hanz und Franz hocken zusammen, hecken aus. Nach der Vorstellung stellen sie an, gehen einig zu den Frauen von St. Georg rüber, findens Bett erst, wenn es hell ist, kuscheln sich aneinander, der Schlaf steckt ihnen voll mit Kicherbildern. Hanz ist so fett wie der Pfaffe, den er spielt, in seinem Kalbskopf steckt ein schlaues Schwein. Franz, mit dem Gehabe des Robespierre aus Flensburg, ist mit Dummheit geschlagen, aber gefährlich, weil er was will, was, weiß er nicht, Hanz sagts ihm. Die Frauen waren früher auch mal am Theater, sind weit

vom Schuß, in Bergdörfern, Kinder großziehn.
Wenn Hanz und Franz Premiere haben, dürfen
sie kommen, starren Frauen an, können die Augen nicht von Frauen lassen, denn sie lieben ihre
Männer, und der letzte braune Rest könnte ihnen von einer hier noch genommen werden.
Amsel, der dritte Kirchenfürst, gehört zu jenen,
von denen niemand was weiß und keiner was
erfährt, von dem du meinst, er sei dir als Larve
oder Schlich im Traum begegnet. Seine Glatze
ist glatt, da kannst du ausrutschen, hinschla-
gen, er wird dich wegbohnern, er ist Profi.
Klaus ist mein Ritter, bringt mich zum Dom,
zum Rhein, zum Felsen. Ist jung, zeigt die Ge-
dichte, die er schreibt. Hat Finger, die immerzu
schaben und scharren, an Kopf, Ohr, Nase,
Lippen, das Abgeschabte kommt wie aus Verse-
hen in den Mund, der schluckts. Nährt sich von
sich, lebt noch mit sich, ersetzt die Frau mit
sich, die Frau steht erst in den Gedichten fest.
Es geht ihm gut dabei, er lacht.
Jakob, der zweite Ritter, ist abgeschnitten, hört
nichts, sieht nichts am Fernseher vorbei, kriegt
Mittel, andere als Wieland, er weiß ja immer,
was er tut, will aber nichts mehr tun. Weil ihm
alles in die Leere wegfällt, kriegt er Mittel gegen

die Leere. Wenn die aufzieht, wenn er auf der Bühne steht, zieht er den Text dagegen lang, weil der ihm sonst in die Leere verschwindet, ohne Aufschlag. Dann kann er nur noch Au sagen, wenn er Augen sagen will, und Mu und Na und so. Er ist der Sohn von der Frau, die er hat. Die Frau hat einen großen Mund, und immer mein ich, es stünden zehn Zähne zuviel darin. Ich meine, sie malt ihm alles leer mit den zehn Zähnen.

Der dritte Ritter ist mein Karlheinz, ich kenn ihn seit der Schauspielschule. Er wollte Clown werden, sonst nichts. Höchstens noch Mann für die gefesselte Spindfrau, die er von blutigen Altären raubt, auf starken Armen heimträgt in die Höhle, unter seinen Füßen bricht Holz, die Vögel halten Atem an, die Spindfrau stöhnt, nur er kanns hören, ihm zu gefallen stöhnt sie nur. Er ist Clown geworden, die Spindfrau hängt in seinem Garderobenschrank.

Die Souffleuse ist jung und dick. Auf ihrem Pullover ist ein dunkler Fleck. Sie hat vor elf Monaten ein Kind bekommen, die Milch schießt ihr immer noch raus.

Keiner sagt was, jeder wartet, was der sagen wird, der den Abenddienst hat.

Im Fernseher läuft der alte Phädra-Film mit Mercouri und Perkins. Wie sie wollte ich sein und ihn küssen. Habe sein Bild sehr geküßt, den Mund, lebensgroß aus der Zeitung geschnitten. Jede Woche gabs ein Stück Perkins in der Zeitung. Zuerst die Füße, zuletzt den Kopf mit dem Mund. Sehr geküßt habe ich den, aber still, Papier muß still geküßt werden, sonst wird es naß. Aber mitten in den stillen Kuß den Mund in den Mund, schlucken, schlucken, runterschlucken. Dann brach auf dem Bett liegen, voll mit dem Gefühl nach Alles. Alles ist riesig, biegt dir die Rippen auseinander, nicht genug Platz da, Alles braucht mehr. Also Alles ab und zu vergessen, damit du älter werden kannst.

Agapi mou, sagt Phädra, und die Kamera schwenkt über das Attische Meer, und Alexis zieht das Hemd aus. Er hat breite Schultern, und von ihren rutschen die Träger. Sie macht ein Gesicht, als litte sie. Leiden muß schön sein, hab ich von dem Gesicht gelernt, und als ich den ersten Kuß bekam, habe ich das Gesicht gemacht. Da hat der Junge aufgehört zu küssen.

In Attika bewegt man sich langsam, die Körper sind schwer, die Leidenschaft wiegt viel, Phädra legt sich zurück, Alexis stützt sich über sie.

Meine Freundin kannte den Film so auswendig wie ich. Wir haben ihn im Dezember achtmal gesehn und uns bis Februar jeden Tag besucht. Wir haben in unseren Zimmern über alles gesprochen. Ab vier Uhr, wenn die Dämmerung, waren wir Phädra und Alexis.

Meine Freundin wollte auch zum Theater, aber sie hat einen Arzt geheiratet. Meine Mutter hat auch einen Arzt geheiratet, aber vorher war sie beim Theater.

Meine Freundin hat mit neunzehn geheiratet. Beim Hochzeitsessen saß der Vater neben mir und tat die Hand auf mein Knie. Aber fünf Jahre vorher hatte er uns nach vier als Phädra und Alexis gesehn. Ich war Alexis mit den nackten Schultern, und sie lag blond und aufgelöst auf ihrem Bett. Es war schon dunkel, wir waren schon lange so, waren schon bei den leisen Stellen, wo die Musik laut wird. Da reißt der Vater die Tür auf, sieht uns, sieht uns und sieht uns, schlägt die Tür wieder zu. Wir sind nicht gleich aufgestanden, wir haben erst geatmet. Dann hab ich Licht gemacht. Sie hat gesagt, sie hätt sich gern im Dunkeln angezogen. Ich wollte sie umarmen, meine Freundin. Sie hat geweint, da bin ich heim. Da hat ihr Vater meinen Vater angerufen und ihm den Umgang seiner Tochter mit seiner Tochter verboten.

In der Schule saßen wir in einer Bank. Sie hat mir bis Ostern keine Antwort mehr gegeben. Ich habe Agapi mou auf Zettel geschrieben. Sie hats gelesen und mich gequält mit dem Gesicht, das Phädra macht, wenn sie die Lust leidet.

An Ostern bin ich sitzengeblieben, kam in eine andere Klasse, sah sie nur noch in der Pause im Schulhof. Sie blieb allein, ich hatte eine neue Freundin. Wir grüßten uns, sie machte das Gesicht.

Dann hab ich lange nichts von ihr gehört, dann kam die Einladung zur Hochzeit, dann wollte der Vater aus meinem Glas trinken. Sie saß neben ihrem Arzt, sprach nicht mit ihm und machte das Gesicht. Ich hatte Lust, sie zu hauen. Dafür habe ich mit dem Vater getanzt und mich durch die Tür drängen lassen, raus, in den Januargarten am Fluß, in den Nebel, in den ich vor fünf Jahren mit ihr gestarrt hatte – geschwiegen und geflüstert, wie es war, als wüßten wir alles, als sei alles schon dagewesen und dagewesen, habe nur im Nebel draußen stillgestanden, um uns einzufallen und wiederzukommen.

Und der Vater hat im Nebel getanzt, mich verloren, gejagt und gesucht, Nebelfrauen untern
Rock gegriffen und noch nach mir gerufen, als
ich schon längst übern Fluß war.
Alexis macht die Augen zu, die Musik zieht auf,
Phädra macht die Augen zu. Warum machen
sie die Augen zu? Meine Freundin hat es ver-
standen, ich nicht. Die Musik schwappt über.
Hanz und Franz lachen los, Klaus schlägt sich
die Schenkel, Karlheinz hat sich an der Matt-
scheibe festgesaugt, von Jakob ist nichts zu sehen, die Souffleuse gibt noch mehr Milch ab.
Ich habe Alexis geliebt, weil er einmal liebte
und daran starb. Die eine unglückliche Liebe,
an der man stirbt, hab ich gedacht, sonst
kommt die zweite, da spart man schon am Unglück, und wenn die Liebe glücklich ist, dann
ist sie rund, dann stirbt man nicht an ihren Spitzen. Rund ist zu rund, rund schrumpft, hab
ich gedacht, zu sterben aber, weil die Liebe
schrumpft, oder den Tod von was anderem
wollte ich nie erleben.
Und habe Phädra geliebt, die schon früher geglaubt hat, es sei Liebe, und war nur Falsch, die
alt und sehnig von dem Falsch geworden ist, die
jetzt liebt, wo sie alt und sehnig ist, jetzt und

jetzt, alles ganz offen für die Spitzen. Die stechen tot, weil die Liebe stimmt und sonst alles Falsch, denn sein Vater ist ihr Mann. Attika und das Meer, der Mann und ihr alter sehniger Körper sind da, um verlassen zu werden. Nimm die Schlaftabletten, sag noch einmal Alexis, dann stirb und dann mit ihm – immerdar sagen die Pfarrer, immer war mir zu wenig, ich dachte an immerdar.

Alexis rennt zum Auto, der Vater hats ihm zum Geburtstag geschenkt, schneller Sportwagen, alles falsch. Springt rein, fährt ab im siebten Gang, rast den attischen Berg hoch, singt Phädras Lied: Agapi mou, agapi mou! singt, schreit, das Lied, rast, die Kurven, singt, brüllt, kommt an, ruft: Phädra! nichts kracht, der Sportwagen fährt ein Stück in den Himmel, kippt, fällt ins Meer. Die Musik erzählt, wies weitergeht, wie er die schönen breiten Schultern unterm Wrack liegenläßt und auftaucht.

Der, der den Abenddienst hat, tritt in die Musik. Das Meerwasser ist wieder glatt, und der verschwitzte Mann kann nicht sehen, daß was war.

Die Vorstellung würde abgebrochen, der Antrag sei von zwei Mitwirkenden nach Ende des zweiten Aktes gestellt worden, zwei Zuschauer hätten vor Ende des zweiten Aktes das Haus verlassen und ergo sei nach der Pause nur noch mit sieben Zuschauern zu rechnen. Die Leitung habe darum gebeten, die Vorstellung zu Ende zu spielen, aber der Genossenschaftsobmann, der in solchen Fällen eingeschaltet werden müsse, habe sich hinter die Antragsteller gestellt.

Wieland kommt von der Wand, schreit, setzt da an, wo er als Bischof aufgehört hat, kommt zu mir, sucht was bei mir, schüttelt mich, daß es rausfällt, bückt sich, sucht es, findets nicht, ist ratlos, geht zurück zur Wand.

Ich sage: Ich will auch weiterspielen.

Der, der den Abenddienst hat, sagt, er werde den Zuschauern Freikarten für einen Klassiker anbieten.

Phädra nimmt die Tabletten, die schwarze Amme zieht die Vorhänge zu, Phädra legt sich zurück, Alexis liegt in ihren Augen, die Schwarze deckt den alten sehnigen Körper mit weißer Seide zu, Phädra deckt Alexis mit den Augenlidern zu.

Das eine Mädchen nimmt mir die Perücke ab, das andere Mädchen hakt das rote Kleid auf.
Wenn es mir gutgeht, sind die Brüste größer als jetzt.
Ich zieh mich an, suche meinen Kamm, nehme einen vom Garderobentisch der andern, die große Brüste hat, die nicht mehr jung ist und nur noch kleine Rollen spielt. Sie sagen, daß die zuhause einen Nachttisch hat, in dem sie alles hat, was eine braucht, die keinen Mann mehr kriegt. Und sie benutzt es auch, erzählen sie. Denn einer hat sich mal zu ihr verlaufen, der war besoffen, und als er angekommen war, hat er die Augen aufgemacht und wollte wieder gehn. Da hat sie ihm gezeigt, was sie in ihrem Nachttisch hat, und wie man damit umgeht, wenn man eine Frau ist, die nicht mehr jung ist und nur noch kleine Rollen spielt.

›Tristesse sans tendresse‹ steht auf der Hamburger Seufzerbrücke. Hamburg ist voll mit Brükken. Der Mann und die Frau aus dem Film standen unter Brücken. Und Seufzen allein genügt nicht.
›Tristesse sans tendresse‹, der Zug nach Frankfurt fährt an der Brücke vorbei, der Kloß graue

Stadt drückt mir ins Kreuz, denn ich sitze immer mit dem Gesicht nach vorn, wenn ich aus Hamburg rausfahre. Wenn die Brücke vorbei ist, ist der Kloß weg, als führe ich ins Gegenteil von dem, was da steht. Heitere Zärtlichkeit, sage ich mir laut, wenn das Abteil leer ist, und muß lachen, wenn schon in Lüneburg die Schafe anfangen. In Göttingen steigt der Junge dazu und sagt: In dem Abteil, wo meine Mutter sitzt, ist mir zu voll. Und setzt sich in mein leeres. Er sieht mich in der Fensterscheibe an. Sein Mund ist schon groß, und die Augen sind auch braun. Ich sehe zu ihm rüber, er sieht in die Fensterscheibe, tut, als ob er nicht sieht, daß ich zu ihm rübersehe. Ich sehe in die Fensterscheibe, ich lache, er lacht zurück. Ich winke, als wär die Scheibe zwischen uns. Er steht auf und sagt: Da setz ich mich halt neben dich. Nimmt meine Hand, hält sie bis Fulda fest und sagt nichts weiter. Dann geht er. Dann kommt er draußen an der Hand der Mutter an unserem Fenster vorbei, sieht durch die Scheibe, läßt die Hand der Mutter los, winkt mit der Hand.
Aber wenn ich mit dem Zug nach Hamburg zurückfahre, ›tristesse sans tendresse‹ – die Buchstaben sind so groß und gerade an die

Brücke geschrieben, daß man meinen muß, es seien welche von oben gekommen mit Flügeln und hätten die Wahrheit über die Stadt an der Brücke verkündet.

Die Kantine ist voll, Radau, Trara. Am Schauspielertisch sitzt man nach jeder Vorstellung gegen die Leere an, macht lachende Gesichter nach, gibt sich zum besten, zwei Kilometer langer Klatsch, die Leere schluckt ihn, wird davon nicht voller.

Ich will nicht heim, setz mich dazu und rede mit. Kann noch nicht heim, die Nacht fängt erst an. Wenn er nicht anruft, tut sie, als ob ihr leeres Schwarz festklebt.

Setz mich auf Floris Platz. Das war sein Platz, dann war er tot, der Platz blieb zwei, drei Tage leer, dann wars nicht mehr sein Platz. Wenn er frei ist, besetze ich ihn. Freihalten und besetzen, denn eines ferner Zukunft wird auffliegen die Kantinentür, und mit einem Wind hereingeweht ist ers, mit seiner Engelsfrau im Arm.

Hanz, Franz, Klaus, Amsel, Wieland. Jakob ist heimgebracht worden. Er soll in seiner Garderobe hingefallen sein, sich das Kinn am Waschbecken aufgeschlagen haben, die Frau mit den Zähnen soll gekommen sein und ihn unter ihrem Wintermantel mitgenommen haben.

Die Souffleuse ist auch heim, sie hat getropft, ich habs gesehn, die Milchspur läuft durchs ganze Theater.

Karlheinz fährt nachts Motorrad, die Spindfrau hängt nur im Schrank, da muß er rasen und die Kurve abhacken, Attacke, schreit er und hackt ab.

Die, die nur kleine Rollen spielt und nicht mehr jung ist, lächelt zu Wieland. Hat keine Vorstellung und keine Probe, kommt von dem Nachttisch, braucht die Nähe von was, was nicht aus Plastik ist. Wieland hat manchmal was mit Frauen, was, was am Rand geht, kein Geländer. Sie dürfen nicht mehr jung sein, schon hoffnungslos, nur noch mit Tricks nicht allein.

Die Maria kommt nie in die Kantine. Wo geht die Maria abends hin? Die Freunde, mit denen sie in Restaurants durch die Nacht, sind tot oder siech, und die übrigen reichen grade für einmal pro Woche. Wenn ich eine Nacht für den jeweiligen Jack abstreiche, bleiben immer noch fünf. Wenn vielleicht noch eine zweite

Nacht für den Jack von gestern abfällt, daß der sein Messer wetzen kann, bleiben vier, denn eine dritte gibts nicht, weil er den Stich nicht bringt, und dann ist aus, dann hält sie Umschau nach dem nächsten Jack.

Aber vielleicht schläft sie gut und braucht von den Nächten nichts zu merken. Oder macht wie Howard Hughes Fenster und Türen dicht, legt sich ins Bett, ein Kasten Piccolo, Augen zu und den ganzen alten Film ablaufen lassen: die junge Lulu war die rothaarigste, zwischen ihren Beinen wuchs Gras, und die Schmetterlinge, lauter Schmetterlinge.

Hanz fängt an: ›Lore Lay‹ absetzen, ›Lilofee‹ aufgeben, das dritte Stück ungelesen ins Feuer.

Franz zieht nach: Schauspielhaus kann dichtmachen, Vorstellung wird abgebrochen, nur sieben Zuschauer, die Schlagzeile von morgen.

Mulm, sagt Amsel, in seinen ersten Stücken hat er die Dinge beim Namen genannt, jetzt treibt er mit Mythen Verschleierung, taucht die Feder in Nebel, versteigt sich ins Deutschtum, irrt da auf verschlungenen Pfaden, und wieso, fragt er, zieht Schultern und Augenbrauen hoch, winkelt Ellenbogen an, streckt Hände aus, soll ich ihm da folgen?

Wieland spricht vor sich her: Sie reden sich in die Rage, die sie vermissen, wenn sie nicht auf der Bühne stehn, reden sich von einem Schwall zum nächsten, reden, bis ihre Worte untergehn im Strom der Ereignisse, in dem sie sich entmündigt treiben lassen. Sind gewohnt, Bedeutung zu sprechen, die sie nicht kennen, gewohnt, die Unkenntnis zum Klingen zu bringen, gewohnt, sich abzuhören, ob sie gut klingt. Verschließen sich dem Bild, das vor den Wörtern steht, und betreten quasselnd die Gedanken von anderen.

Die mit dem Nachttisch hört, was Wieland sagt, mit Knopfaugen.

Schwul und verrückt, sagt Amsel, streicht Wieland mit der lockeren Hand, sitzt im Damensitz, betreibt eine leise, wohlklingende Stimme, kann sein Lächeln halten.

Aber die Liebe, sagt Klaus, scharrt am Ohr, kann noch mehr dazu sagen: Wenn einer die ganz rot aus den alten Geschichten rüberholt und wir davon kapieren, wie rot die sein kann, wo wir mit langen Seelen unterm Leben rumhängen und Liebe sagen, wenn Braun in unser Grau läuft.

Amsel: Statt rot von mir aus braun, aber so wies ist und nicht wie sichs einer, der in irgendwelchen esoterischen Vorhöfen als Kommis rumlungert, vorstellt. Statt über den Lindenbaum, den sein Großvater vergast hat, zu schreiben, und über den, den sein Enkel nicht mehr kennen wird, läßt der uns den am Brunnen vor dem Tore blühn.

Die Ausgießung des alten heiligen Geistes, aber nicht umgeschlagen wie deinerzeit, sagt Klaus Amsel lachend in die Larve. Wer von dem Saft kostet, gilt als besoffen, Führerscheinentzug, bei Wiederholung Knast, bei Abhängigkeit Psychiatrie, bei Protest Entmündigung, bei Hungerstreik Mord im Morgengrauen. Jene vom Geiste Trunkenen haben nur einen Ausweg: sobald sie registriert sind, ab in Hölderlins Orkus, selbstredend noch eh ihnen das Heilge, das am Herzen ihnen liegt, gelungen. Denn wenn das heute noch mal einem gelänge, wärs aus mit Braun und Grau, der Knall wäre eine Explosion, der Geist würde rot leuchten über uns, und die Zinsen der Metzger und Schlächter würden unter den Gefrierpunkt fallen.

Hanz: Ich will verstehen, was ich spiele, was ich nicht verstehe, interessiert mich nicht.

Franz: Es gibt so viele Stücke, die auf der Hand liegen.

Wieland brüllt: Meine Höflichkeiten sind erschöpft, ich bin nicht mehr bereit, übers herrschende Wetter zu reden, ich muß brüllen und fragen, wer denn wahrhaftig hier immer noch wagt und sagt, daß Theater ausschließlich psychologische und moralische Funktion aus zweiter Hand zu sein hat, Ersatzfunktion, wie sie von unsern Träumen sagen. Und muß brüllen und fragen, wer denn hier immer noch versucht, die Poesie der Träume und des Theaters auf Hanz und Franz zu reduzieren. Ich muß brüllen und sagen, daß wir uns mit unseren mittleren Leidenschaften, von denen unser Theater spricht, unterhalb des Lebens befinden, moderne Seelen in Karnevalsmasken, Aschermittwoch, halb sechs Uhr früh. Und brülle weiter und sage, daß unser Theater von uns nur redet, von uns ist nur zu reden, für uns lassen sich keine Bilder finden, für uns ist sich jedes Bild zu schade.

Ach, sagt er jetzt, und der Umschwung ist da, auf den alle gewartet haben, ach, dem verzweifelten Anspruch der Seele auf das, was nicht mehr in uns ist, fortbetäubt, verblichen, vergessen, und was wir deshalb auch um uns in den ganzen Dingen gar nicht mehr finden, wo die Natur, von uns zum Ding gemacht wie jedes andere, sich entzieht, ihren Samen nimmt und davongaloppiert, wer weiß wohin, dem Anspruch muß das Theater die Tore und die Türen weitmachen.

Denn zu was ist das Theater denn da, brüllt er und geht Amsel an die Gurgel: Unsere Schatten aufzuspüren, unseren Verdrängungen Leben zu verleihen, die Symbole verwirklichen, nähren, mästen, überhitzen. Er schmeißt Amsel weg: Also, Anfang und Ende beschwören, unsere Grenzen ins Unendliche erweitern, das Unmögliche beginnen, mit der Poesie der Dichter auf die Bühne gehn und dort die Liebe sich ereignen lassen.

Früher wurde das Kantinenlicht eine halbe Stunde nach Vorstellungsende ausgemacht, dann kamen die neuen Wirte, Mann und Frau, alte Leute, die machen das Licht erst aus, wenn wir gehn. Wenns spät wird, legen sie die Arme auf den Tisch, die Köpfe drauf, schlafen, schrecken hoch, wenn wir aufstehn, tasten, sehn nichts, die Gesichter sind leer, was sie sonst füllt, steckt noch im abgerissenen Traum erschrocken still.

Am ersten Tag haben sie Sommerblumen auf die Plastiktische und auf die Teller Salatblatt, Petersilienstengel und Tomatenviertel. Erst hat sie Locken gehabt, jetzt sind die Locken raus, jetzt steht sie in der Ecke, und auf den Plastiktischen Plastikblumen, und kein Salatblatt, Petersilienstengel, Tomatenviertel auf den Tellern mehr.

Sie hat keine Nerven, sagt er, hat alle verloren, bei den Ruskis drüben. Wenn ein Ruski die findet, sagt er und stellt sich vor sie, weil sie in der Ecke heult, kann der gut lachen haben, denn die sind stark wie Drahtseile gewesen.

Keiner soll die Madame heulen sehn, er macht sich breit vor ihr und sagt die Witze laut.

Er kommt aus Danzig, hat 45 rübergemacht und 48 in Paderborn einen Laden für Strumpfreparaturen eröffnet. Ende der 50er hat er vierundzwanzig Läden für Strumpfreparaturen gehabt, 55 hat er geheiratet, nicht die Madame, so eine Nitribitt, sagt er, die konnte den Hals nicht vollkriegen, hat geschluckt, bis ihm die Luft weggeblieben ist, sei schuld, daß ihm zum

Schluß nur noch der eine Laden in Paderborn geblieben ist, die Nitribitt, sagt er und muß viel trinken, eh er weitersprechen kann und noch mal Nitribitt sagen und noch mal, ganz dreckig. Aber wenn einer sagt, daß heute niemand mehr Strümpfe reparieren läßt, daß das der Grund für den Konkurs gewesen sei, dann schreit er, dann erklärt er, wie man die laufenden Maschen auffängt, bei dünnen Nylons so, bei dikken so, und hinterher wie neu, als sei da nie ein Loch im Strumpf gewesen, nur eine kleine Narbe bloß, schreit er. Wenn allerdings so ein Mamsellchen mit Nagellack, man wisse schon, am Ende von der Masche einen Klecks, könne auch er nichts mehr machen, er sei kein Zauberer, schreit er, wird ruhiger, erklärt beruhigend, im allgemeinen aber könne jeder Strumpf gerettet werden.

Er ist vierundsiebzig, hat die Nitribitt verlassen vor vier Jahren und die Madame zu sich geholt, die er vor fünfunddreißig Jahren heiraten wollte, hat nach einunddreißig Jahren an die alte Adresse nach Danzig geschrieben, Antwort bekommen, Geld geschickt, und die Madame war da. Dann ging der letzte Laden pleite. Wir müssen uns was Neues aufbauen, hat er zu ihr

gesagt. Erst hatten sie eine Trinkhalle in Barm-
beck, aber die Besoffenen wollten immer an die
Madame ran. Das hat die nie vertragen, sagt er
zärtlich, wenn die mit ihren Händen, ohne Achtung.

Wenn wir zu spät gehn, gehn sie nicht mehr
heim, dann schlafen sie auf dem Tisch in der
Küche.

Klaus hat sie mal gesehn, sie hatten vergessen
abzuschließen und hatten verschlafen. Da hätten sie gelegen, die blauen Beine ganz verschlungen. Zwei alte Tote nackt auf dem Se-
ziertisch schnarchen laut.

Sie haben Kredite aufgenommen, denn die
Schauspieler lassen alles anschreiben und sie
vergessens aufzuschreiben. Verleihen auch,
zinslos und ohne Unterschrift, nehmen noch
mehr Kredite auf und fragen nur so leise nach
dem Geld, daß keiner was hört.

Madame steht wieder in der Ecke, er trinkt,
siehts nicht. Sie heult und heult. Sie war ja mal
beim Varieté vor fünfunddreißig Jahren. Sie
liebt die Kunst, und nur die Künstler dürfen bei
ihr anschreiben lassen, die von der Technik
müssen zahlen. Fünf Jahre hat sie in Danzig
getanzt und gesungen, wo sie dann war und

was sie da gemacht hat, sagt sie nicht, aber sie hat die Haut von der alten Marianne. Wenn sie alt sind und lange mitgemacht haben, haben sie alle die Haut von der alten Marianne.

Nachher wird Wieland zur alten Marianne gehn oder zum Nachttisch von der Frau oder er bringt mich zum Taxistand am Hauptbahnhof und geht alleine weiter, oder ich gehe zur Marianne mit.

Die Marianne betreibt einen Imbiß im hinteren Teil des Lokals, wo vorn die Männer mit den spitzen Brüsten und den zähen Adamsäpfeln tanzen und in den Pausen zu ihr kommen. Da kocht sie und da brät sie und füttert ihre Vögel.

Der dicke Peter vom Operettenhaus wird da sein und der dicke Max vom Thalia-Theater, die Marianne wird Bratkartoffeln machen mit Speck und Zwiebeln, und wenn die von vorne nach hinten kommen, werden Max und Peter auf die spitzen Brüstchen starren, und ich werde nie wissen, wie die ihnen gefallen. Einer wird dann so zart sitzen und seine Bratkartoffeln nicht essen, den Rauch von seiner Zigarette schlucken, und der zähe Adamsapfel wird an die Halshaut hämmern wie ein Specht. Die Marianne wird ihm Milch geben, eia, eia, mein Schäfchen, mein Kind. Da wird er weinen können, das Weinen wird ihn schütteln, die spitzen Brüstchen werden auf die Imbißtheke trommeln, der zähe Adamsapfel hüpft von Ast zu Ast. Max und Peter werden mitweinen, werden statt Milch noch mal Bratkartoffeln kriegen, Wieland wird nicht weinen, weil seine wunden Augen vom Salz gebissen sind, da kommt kein Wasser nach.

Hanz, Franz, Klaus, Amsel, Wieland. Müde, voll, bitter, leblos, giftig, die mit dem Nachttisch auch, ich auch.
Die belegten Brötchen in der Glasvitrine fangen an zu schimmeln, die Risse in den Platten der Plastiktische reißen weiter auf, die Plastikblumen lassen die Köpfe fallen.
Die beiden Alten schlafen tief, so müd wie dunkel, Gesichter ganz einander zugedreht, Kopf auf den Armen, Arme ganz verschlungen.
Jetzt geh ich. Wieland auch, bringt mich zum Taxistand am Hauptbahnhof, geht weiter, muß alles ganz zu Ende machen in der Nacht, damit er am Tag neu anfangen kann.

Die Säufer von St. Georg haben sich im Licht vom Hauptbahnhof gesammelt, brauchen Licht zum Saufen, in Finsternis saufen heißt steckenbleiben. Da, wo sie lagern, brummts. Wenn ich stillstehe, kann ich das Brummen hören. Es brummt überall, wo Säufer liegen, Brummen ist ihr Ton. Aus dem Brummen steht eine Alte auf – nie ist was jung, was brummt –, steht auf und dreht sich. Sieht aus wie alle überall, wenig Fleisch, viel Haut, Knochen groß, Haar lang, am Ende ein Filz Dauerwelle. Dreht sich und tanzt, hebt den Rock, mitten im Winter ist da nur lange Haut. Dreht sich und dreht sich, zeigt leere Kiefer und die lange Haut. Die Männer heben den Kopf nicht, der geht nicht mehr zu heben, aber das Brummen schwillt an.

Die gläsernen, eisernen Jungs aus der Nähe hüpfen mit spitzen Füßen zwischen die Bündel am Boden, über die Knäule, und feuern, bis die Alte die Mazurka dreht und wälzt. Die Alte wälzt sich.

Küß mich, Wieland, denn ich bin dann allein die Nacht!

Die Taxifahrt ist lang, die Stadt ist dunkel. Hamburger schlafen nachts, sind müde Menschen. Sind blond und frieren leicht, haben den langen Körper, müssen ihn einziehn, daß die Decke übern Kopf, daß der Süden warm bleibt, daß der Wind nicht ans Eis klirrt im Ohr, sonst friert das zu, und kein Traum von den wachen braunen Göttern kann durchblasen.

Ich sag: Der Wind!

Ein Mann fährt, spricht nicht, trägt Lederkappe und die Jacke dazu, im hellen Halsstück hat er Aknenarben.

Der Wind! sag ich, denn der Wagen wackelt. Der Mann fährt vor mir her, hält das Lenkrad mit den Handschuhen, keine Augen im Rückspiegel, als ich einstieg, hat er sich nicht umgedreht, habe das Gesicht nicht gesehn, hat vielleicht keins, wie das Entsetzen im Horror oder der Todesbote aus Flüstergeschichten.

Der Wind drückt nach rechts, rechts ist die Alster. Vielleicht fährt der Zombie mich in die Alster. Er biegt ab in Richtung Nonnenstieg. Die Armaturen leuchten, die Uhr zählt. Ein Frauenfoto, hell vom Phosphor der Tabellen. Die Frau ist bürgerlich, lacht, kann wahrscheinlich sprechen.

Im Nonnenstieg sind zwei Laternen ausgefallen. Ich gebe Geld, der Mann nimmts mit den
Handschuhen, dreht sich nicht um, der Motor
läuft, ich sage: Gute Nacht.
Das gibts doch, daß ein gutes Wort weiterhilft,
den Eingang zum leeren Raum gut füllt. Ich
warte drauf: sag Gute Nacht, Mann!
Der tritt im Stehn aufs Gas, das Frauenfoto war
bloß Trick, ich steige auf die leere Straße, der
Zombie fährt in den Wind.

Auf einer Bühne zum Beispiel, mit einem Boden
aus Holz, der kracht, wenn du aufsetzt nach
dem Sprung, wenn du absetzt zwischen zwei
Sätzen, stellt sich die Einsamkeit nur vor Publikum ein und nur im hellsten Licht, daß kein
Schatten einen Ort von dir versteckt, daß kein
Ort dich versteckt, dreitausend Augen sehen jeden Ort von dir, dreitausend, die siehst du nicht
und kennst du nicht. Kalt, klar und einsam
nimmst du die gefundene Form an und führst
sie auf. Dreitausend Augen sind nichts, als daß
sie dir zuschaun.
Mein Einsam findet ohne Publikum statt, mein
Monolog ist endlos: ruhig sitzen, nichts tun,
was kommt, das wächst, der Frühling kommt,

das Gras wächst von selbst, das vergeht. Der Frühling wächst von selbst, das Gras kommt, das kommt, das wächst und das vergeht.

Viel zu braun, das Braun vom Ledersofa, viel zu glatt das Leder. Dabei hätte ich es in der Hand gehabt, ein weniger braunes Braun und das Leder mit einem Halt in der Struktur.

Duschen, heiß und kalt, das Telefon neben der Wanne.

Mit dem Telefon durchs stille Schlafzimmer, die Schnur schleift, hängt an der Schrankecke, zurück zum Ledersofa. Der Frühling kommt bestimmt, das Gras wird übers Haus wachsen.

Als ich noch keine Frau war, hab ich mir vorgestellt, wie ich auf den Mann warte, wenn ich eine bin: dunkle Nacht, helle Räume, Seidenhemd, langes Haar, nackte Füße, große Brüste, schaukelnde, hatte ich mir gedacht. Auf und ab mit dem Telefon in der Hand, das Telefon gehört dazu und die lange Schnur, die ich jetzt habe. Hin und her, von einem leeren Parkettboden auf den anderen – er ist weg, sie ist verlassen, er hat sich davongemacht, sie wartet, daß er wiederkommt, kauft jeden Tag frische Blumen, das Bett liegt immer frischbezogen da, er kann anrufen, vor der Tür stehn, kommen und gehen, kommen und bleiben.

Rauchen, trinken, mit den nackten Füßen laufen, mit den großen Brüsten im Hemd aus Seide, Hemd aus Seide, mit langer Schnur wie langem Haar, mit Telefon dran, Dings, was klingelt nicht. Beim ersten Licht verfilzen die Haare, das Seidenhemd kriegt Flecke, die Brüste werden lang.

Schubert, Nummer neun. Telefon auf den Tisch stellen, Zigarette ausdrücken, Augen schließen, zuhören, sicher sein: weils die Musik gibt, gibts das nicht, daß er nicht wiederkommt.

Aber die Frau, die wie der Mann aussieht, rumort unter mir. Die Luft wird stickig gewesen sein, davon wird sie erwacht sein, jetzt tut der Kopf ihr weh, sie sucht im Bad nach Aspirin.

Die Luft wird stickig gewesen sein, im Schlafzimmer sind die Fenster verrammelt. Ich habe sie verrammelt, damit sein Duft nicht raus kann, sagt sie glänzend.

Sie wird im Bad vorm Spiegel stehn, wird sehen, daß sie aussieht wie der Mann, der Bart ist lang gewachsen in der Nacht, sie trägt ein weißes Hemd, das ist obszön an dem Mann, das wird sie ausziehn. Wieso trägt er mein Hemd, wird sie denken und ihm den Schlafanzug anziehn. Und dann tief im Bett liegen und warten, daß er aus dem Bad kommt. Komm schnell, denkt sie im Bett.

Er wird im Bad das Licht ausknipsen, es wird sehr dunkel sein bei ihr. Er wird sich zu den beiden Betten tasten, sie hält den Atem an, er steigt von seiner Seite ein, er kommt, sie denkt: Ich liebe dich, es ist sehr dunkel.

Schubert, Schubert! Szenen drängen sich nach vorn, brennen darauf, ihre Rolle zu spielen, Bilder kommen matt und blaß hoch, werden bunt und deutlich, Erinnerung kommt an: er läuft durch alle meine Linien quer, er ist das Zugpferd, seine Gangart ist der Galopp, er reißt mich mit, zieht mich, wohin er will, nur er, groß, breit.

Bleib mit deinem Gesicht vor mir stehn! Halt! Das bin ich! Ich streck die Hände nach dir aus! In welcher Sprache sprechen wir denn? Allez venez, Milord, vous assoir à ma table!

Er kommt und geht durch meine Räume, die sind geschmückt mit Blumen, ich bin geschmückt mit Kerzen und mit Blumen, alles brennt. Seine Gestalt wächst groß überall rein. Wie ich in die Küche komme, sitzt er am Tisch, im Wohnzimmer hat er das Fenster aufgemacht, steht da, atmet tief, im Bad steht er auch und im Schlafzimmer am Schrank und im Flur geht er wieder.

Der Galopp wird weicher, die Bilder laufen aus und fliegen ab. Das Pferd kriegt Flügel, ein Hypograph, rosarote Wolken: du hebst mich auf, trägst mich aus einem Sonnenhof heraus, ich bin nicht so leicht wie ich aussehe, aber alte Frauen auf dem Weg zum Parkplatz sehen nicht, daß dir die Luft ausgeht, sie jubeln uns zu, wir sind ihr Paar. Das Paar, das gibt es doch, jetzt kann die Welt untergehn, denn sie ist nicht umsonst aufgegangen. Ich halte mich an deinem Hals, jetzt kann die Welt untergehn. Der Jubel schallt.

Trag mich nachhause, laß das Auto stehn, ich mach mich leicht, und du kriegst wieder Luft. Allez riez, Milord, allez chantez, Milord! Er lacht, er singt. Mais oui, dansez, Milord! Er tanzt und lacht und singt. Bravo, Milord!

Aber da liegts wieder wie Steine auf deinem Gesicht, und ich nehme mir vor, sie behutsam abzutragen.

Aber du setzt mich ab und gehst ja wieder, und
da kann ich den vollen Mund nicht länger halten: Hast du nicht bei der Rosenmaria alle Kerzen umgeworfen, muß ich reden, war das nicht
unser Anfang, und war ich nicht schon außen
still vom Aufruhr innen, und ging ich dir nicht
auch schon nach, als du dich verliefst in den
Kreuzgängen, wo ich mich auskenne, und ging
ich dir nicht bis zur Rosenmaria nach, und hast
du nicht bei der Rosenmaria alle Kerzen umgeworfen, und habe ich nicht alle wieder aufgestellt?

Du bleibst, du bist noch da, du hörst mir zu und
siehst mich Tropf, wie mir mein Parkettboden
unter den Füßen wegschwimmt. Du willst was
sagen, die Rede deiner Seele setzt sich nicht
durch, ich kann dich nicht verstehn und auch
nicht hören, in welcher Sprache spricht sie
denn?

Mais vous pleurez, Milord, vos peines sur mon
cœur!

Leg deine Wang an meine Wang, würd ich gern
auf französisch zu dir sagen, schütte dein Herz
aus, auch wenn andere Frauen dabei rausfallen.
Hauptsache, du weinst endlich, und davon
weiß ich endlich, daß dir was schwerwiegt, so

wie mir der ganze Klotz. Weine ruhig, wenn du fertig bist, mußt du mit mir kein neues Leben anfangen, du hast geweint, das reicht. Komm, leg dich, sei mein Sohn und weine, Schubert hört uns zu und macht seine Zehnte draus.

Ich geh herum, ich räume durch die Zimmer, hebe Kleider auf, streiche sie glatt, hänge sie über Bügel, leere die vollen Aschenbecher, trinke vielleicht im Stehn den Rest vom Wein, mache das Fenster auf, lasse Luft rein, Nacht kommt, rumort schwarz, ich stemme mich und drücke sie zurück, sperre ab, Vorhang dicht.
Ein roter Schuh am Boden liegt und klagt, weil er entfernt vom andern roten, der im Schrank steht und auch klagt, aber gedämpft zu mir durch die Schranktür. Heb ich dich auf, du Schuh, und trag dich zu. Wie er beisammen ist mit seinem andern, sind beide im Augenblick sofort still.
Ordnung ist mein Schutz gegen die Klage, ich räume durch und kann nicht aufhören, denn so gehe ich oft zur Ruhe.

Aber die Wohnung hat einen Raum ohne Fenster, aber mit Spiegeln. Wenn Licht ist von der

Lampe, knacken sie. Vorher hat jemand hier gewohnt, der Schneiderin war. Ich gehe nachts nicht gern durchs Spiegelzimmer.

Die war tags Schneiderin, hat mir die Frau vom Haus erzählt, und hat im Spiegelzimmer die Frauen von den Männern angezogen, und nachts, da war die mit den Männern von den Frauen nackt. Wilde Jagd durch die Spiegel.

Als ich noch keine Vorhänge hatte, und wenn ich vor der Vorstellung schlafen wollte, bin ich mit meinen Kissen ins Spiegelzimmer. Da hatte schon alles begonnen, das Warten. Da hatte ich im Schlaf schon laut zu weinen begonnen.

Es war doch die Rosetta, die ich spielte, als der Tanz begann. Ich war schon bleich, das Warten hatte mich schon bleich gemacht, ich mußte mich schminken und vergolden, Goldpaletten, daß sie funkelt. Das Kostüm war sehr braune Haut und das dunkle Rot vom Kleid. Die nackten Schultern waren gut zu sehen.

Ich hätte tanzen sollen, bis zum Umfallen, solange ich getanzt hätte, wäre er nie gegangen. Aber ich habe laut zu weinen begonnen. Das Weinen ist in den Spiegeln hängengeblieben, und das Bild von ihm hängt auch. Ich sehe es mir zusehn.

Wein nicht, frag nicht, halt den Mund! Tanze die Rosetta, dreh dich auf die Spitze für sein Bild.
Aber ich muß rufen: Du liebst mich, Leonce?
Und die Spiegel antworten: Ei, warum nicht.
Muß rufen: Und immer?
Und die Spiegel antworten: Das ist ein langes Wort.
Tanze, tanze, tu beschwingt wie deine Röcke, unterbrich das nicht! Die bunten Tanzschuhe kannst du zertanzen, es gibt neue. Tanze, auch wenn sein Spiegelbild von deinem Druck nicht platzt. Mach dir eine Melodie zum Tanz, laß die Rosetta ihr Lied singen.
Ich tanze und zünde tanzend alle Kerzen der Schneiderin an. Ein Fest, die Feier von nichts, der letzte Tango auf dem Rand zur Spiegel-welt.

  Lalala lasse ich sein Bild nicht aus den
         Ahaugen
  sieht er mich immer an
  kommt morgen her der Mann
  muß tanzen und sihingen

Aber ich bin den Tanz nicht mehr gewohnt, verliere meine Füße, die Balance fällt um, der Tanz bricht ab. Wie ich ihn wieder aufnehmen will, hat sich sein Bild abgewendet, nach Osten, wo die Sonne bald gegen die Kerzen aufgeht.

Leonce, muß ich rufen, sieh mich an!

Und die Spiegel antworten: Um keinen Preis.

Muß rufen: Nur einen Blick!

Und die Spiegel antworten: Keinen.

Tanze, tanze! Du hast die Rolle wiederaufgenommen, tanz sie zu Ende. Sing dem, der davon flieht und dich verläßt, auch noch die letzte Strophe, dann hast du nichts unversucht gelassen und kannst abgehn:

Lalala lala lala lalala

Das Telefon steht auf dem Tisch am Ledersofa, da steht ein Telefon, das klingelt laut.

Bist dus, frag ich.

Wo ist Wieland, fragt die mit dem Nachttisch.

Weiß ich nicht.

Bei dir?

Er ist am Hauptbahnhof geblieben.

Aber es ist gleich drei. Er hat versprochen, daß ich auf ihn warten kann.

Häng den Nachttisch zu, nimm ein Schlafmittel. Um zwölf ist mein Monolog, vor eins braucht er nicht zu kommen, sag ihm das, wenn er noch kommt.

Glaubst du, er kommt noch?

Ich muß raus durch die Nacht, Mantel aufmachen, daß der fliegt, daß der Wind durch die Beine.

Seewind, Schneelicht, Frost. Bäume brechen, Steine springen.

Am Klosterstern, auf dem Grünplatz zwischen den Bäumen, kriecht eine Frau durch den Schnee. Sie scheint was zu suchen. Ich will wissen, was sie sucht, und gehe hin. Sie hört mich kommen mit einem Gesicht, in dem die Trauer die Hauptsache ist.

Frauke! sage ich. Die Kleider sind lang und naß, die Haare zu weißen Zöpfen geflochten. Sie sieht mit ihrem traurigen Gesicht in meins, als kennte sie meins nicht und ihren Namen nicht, als wüßte ich nicht, daß ihre Zöpfe in Mexiko weiß geworden sind, als habe ihre Mutter, die Hauswartsfrau, die schielt und ihre Augen überall hat, mir nicht erzählt, daß sie beim Zirkus war.

Sie war in Mexiko beim Zirkus und hat sich dort in den Dompteur verliebt, der Löwen bändigt. Der Zirkus wollte sie nicht haben und der Dompteur auch nicht. Sie haben sie weggejagt, aber sie ist immer wiedergekommen und nachgezogen auf blanken Sohlen und hat gefressen, was die Hunde fressen, vor seiner Tür geschlafen, im Schlamm, zur Regenzeit. Da hat er sie vielleicht getreten, denn ihre Rippen waren lose und am Becken was zerbrochen, da hat er sie vielleicht mit der Peitsche, denn die Ausländerpolizei hat ein Bündel bekommen, das Einheimische auf einem verlassenen Zirkusplatz gefunden hatten, halb in die Erde reingewühlt und stumm. Das haben sie nach Deutschland zurückgeschickt. Da war sie außer sich, da hat man sie nach Ochsenzoll gebracht, da ist sie zwei Jahre geblieben, dann haben sie die Eltern in die Kellerwohnung geholt.

Jetzt wohnt sie bei den Eltern in der Kellerwohnung und sammelt den ›Stern‹. Auf Seite fünf sind immer Tierbilder, manchmal Löwen. Sie glaubt, daß der Dompteur veranlaßt, daß die Löwenbilder in die Zeitung kommen. Heimliche Codes, Zeichen für: Komm, ich bin da und da, nimms nächste Flugzeug, ich bin da und da, ich wart auf dich, ich brauch dich, es geht mir schlecht, ich bin sehr krank und sterbe, die Löwen und die Tiger haben mich gefressen, die Löwen heißen Pascha, Nascha, Dascha, die Tiger, das sind Frauen, heißen alle Frauke, so wie du.

Ich frage, was sie in der Nacht am Boden sucht.

Lilien, sagt sie, ach, und finde keine. Hier draußen sind sonst immer welche, die zu Rosen werden, aber jetzt suche ich schon zwei Tage und kann sie nicht finden.

Sie kriecht tiefer in den Schnee, sie gräbt, und dann dreht sie sich wieder mit dem Gesicht, so still ist er darin, daß ich reden muß: Was willst du mit den Blumen?

Da lacht sie. Wenn du mich nicht verraten willst, sagt sie, pst, macht sie, spitzt den Mund und legt den Finger drauf, die Lilien sind für den König, und der Rosenkönig ist mein Schatz.

Es hat zu schneien begonnen.

Hörst du, siehst du, sagt sie, der Regen fällt stärker, Meer braust an den Rand der Wälder. Aber wenn er die Liebesküsse ausgibt und sich mit mir zusammenschließt, freuen sich alle

Welten, weil von einem vollkommenen Körper alle den Segen empfangen.

Frauke, ruft jemand, Frauke, was machst du hier, wir haben dich überall gesucht, der Vater ist bis zum Hafen runter.

Die Frau vom Haus kommt durch den Schnee, läuft über die leere Fahrbahn, tritt auf die Grünfläche, erkennt mich, klagt: Die arme Tochter. Klagt: Gott hat mich schwer gestraft für lüsterne Gedanken.

Frauke kriecht tiefer in den Schnee.

Denn als ich mit ihr schwanger war, klagt die Frau, war der Mann im Krieg, da waren die Gedanken scharf und haben bald mein Kopfkissen zerbissen.

Frauke deckt sich mit Schnee zu. Weiß, sagt sie, und sauber.

Sagen Sie den Hausbesitzern nicht, daß es wieder so schlimm mit ihr ist, Fräulein, das Kreuz, das mir aufgelegt ist, ist schwer genug.

Sie tritt der Tochter in die Rippen. Beim zweiten Tritt steht die aus dem Schnee.

Die beiden Frauen verlassen den Grünplatz, gehen über die leere Fahrbahn, zurück zum Nonnenstieg.

An der Alster steht ein Auto am Wasserrand. Der Schnee liegt hoch und naß, das Gras sticht durch, im Herbst hat keiner hier gemäht.

Im Auto liegen zwei, die Münder stehen ihnen offen, die Kleider sind verrutscht, die Hosen eben hochgezogen. Der Strumpf der Frau hat eine Masche. Wie die Frau sich dreht, läuft die Masche weiter, hat unten angefangen, läuft nach oben, kriecht langsam unter das bißchen Rock in die Haare. Der Mann merkt, daß die Frau sich dreht, und dreht sich auch.

Ich habe nasse Füße, mir ist kalt, ich will mit der Bettflasche ins Bett.

Im Nonnenstieg ist noch ein Nachtlicht ausgefallen. Das Haus ist dunkel, wie verbrannt im Schnee. Wie Floris Haus. Flori mit dem schönen Gesicht, deine grauen Augen sind nicht im Feuer verzischt, haben sich nur gedreht und sind nach innen gelaufen, siehst jetzt von innen heraus aus deinem Kern, siehst, was weiß ich, siehst was, was ich nicht seh. Ich sehe was, was du nicht siehst, oder wie geht das Spiel?

Das Hoftor quietscht. Die Frau, die im Keller wohnt und auf das Haus aufpaßt, hört das bestimmt, weckt den todmüden Mann, der eben vom Hafen zurück ist und noch eine halbe Stunde schlafen könnte, eh er zur Arbeit geht, weckt ihn, weil sie ihm sagen muß: Juppes, Schauspieler sind Ungeheuer. Wer, wenn er normal und bei Verstand ist, geht nachts spazieren? Im Hellen kommen sie nicht aus den Betten, und in der Dunkelheit flattern sie herum wie Nachtmäuse, und, hörst du, wie das Hoftor quietscht, beim ersten Geräusch des Lichts fliehen sie in ihre Löcher.

Aber die weiße Frauke, die bei den Eltern im Schlafritz schläft, wird auf die Uhr sehen und sagen: Mutter, warum weckst du den Vater, er hat noch eine halbe Stunde, laß ihn schlafen, vielleicht findet er grade eben den Zugang zum großen, klaren Traum, also stör ihn nicht, sonst schlägt ihm die Königin die Schenkel vor der Nase zu.

Ich fülle heißes Wasser in die Gummiflasche. Ich zieh mich aus, ich kriech ins Bett, das Telefon steht neben mir, ich nehme die Flasche in den Arm. Wie ich das Licht ausmache, wird es still im Zimmer.

Der Schmerz ist da, ich zieh die Decke übern Kopf. Als ich klein war, bin ich mit der Bettflasche ins Bett, da war der Schmerz schon da, als ich größer war, ist er gewachsen, und jetzt brennt er mir zwischen Armen und Beinen, daß die heiße Bettflasche überläuft.

Der Nachtrest läuft in Traum über: er ist auf einem Punkt, und ich bin auf einem Punkt ganz in seiner Nähe. Er läuft los, ich laufe ihm nach, er läuft und läuft, schwärmt ins Unendliche aus, und ich kann keinen Knick machen und keine Kurve zu ihm rüber kriegen, denn ich bin grade wie er. Der Abstand zwischen uns wird immer größer. Erst schmeck ich ihn noch, riech ich ihn noch, kann ihn dann nur noch sehn, dann nur noch hören, dann ist es aus, und der Abstand zwischen uns ist nicht mehr bestimmbar, weil die fünf Sinne nicht mehr leiten.

Der Traum läuft in Schlaf aus. Im Schlaf weiß ich nicht, ob ich Mann oder Frau bin, fühle, daß Hände mich berühren, weiß nicht, dann weiß ich, und dann vergess ich wieder, daß es die eigenen Hände sind.

›Lilofee‹, Probe, kurz vor zehn. Kein Telefon, kein Brief beim Pförtner. Habe heute nacht fast kaum geschlafen, friere jetzt von innen heraus, wickle den warmen Probenrock um und das Tuch, das ich habe, seit mir morgens kalt ist.

Der Eiserne wird hochgefahren, es bimmelt. Sie bauen noch um, sie schreien, schieben Podeste, Wände, fahren Züge. Arbeitslicht auf der Bühne, Zuschauerraum hell, Faune und Nymphen sehn wie aus Gips aus, ihr Sonnenwagen ist festgefahren im Stuck.

Die alte Maria ist schon da, sitzt unten in der siebten Reihe, hat sich in weiße Schals gewikkelt, friert auch, war auch unterwegs die Nacht, hat alte Bilder aufgestört, die längst zur Ruh gegangen waren.

Wieland kommt, gibt mir seinen Kaffee, drückt sich neben mich ans Portal. Bitterkalt, sagt er, drückt sich an mich, spricht vor uns hin: Scharren und graben soll ich um zehn Uhr früh nach dem Roten so tief, bis wo das steckt, was ich doch eben erst, vorm Erwachen, in die untere Seele runter, hochziehn soll ich das und deutlich sichtbar mit den Versen aufdeklamieren? Da frier ich lieber nackt und tot.

Hanz und Franz kommen von der Herrenseite.

Ich rieche ihre Fleischnatur, sie schwitzen, sagt Wieland. Ich friere, sagt er, und kann mich auch erinnern, daß ich schon lang zu frieren habe: Hatte zwölfjährig die Nacht mit meinem Rot verbracht, hatte den Eindruck davon übers Schlafende gehoben, saß damit frierend auf der Schulbank, noch dazu das rote Morgenrot durchs Fenster. Rücken fest ans Bankholz und gut festhalten in den kahlen Ästen der Ulme oder Linde draußen, denn jeder guckt dich an, wenn du zwei und zwei mit vier nicht mehr zusammenkriegst.

Amsel und Zara kommen, bleiben auf der Bühnenmitte stehn, bei Hanz und Franz. Als Zara jung war, hat sie gesungen und getanzt, hatte die schönsten Beine. Dann sei sie ernst geworden, pflegt sie zu sagen. Meine Seelenumstände, sagt sie und breitet ihre Arme weit. Dann lacht sie, und dann lachen sie, drehn sich nach links und rechts, sehn in der Drehung schnell mal nach, wer unten sitzt, tun so, als sähen sie nicht nach oder als sähn sie nichts, Licht blendet, und ich bin auch nicht von dieser Welt, Theater ist eins drüber, was geht mich an, wer schwarz und klein da unten sitzt, mir zuzuschaun, obwohl ich doch nichts lieber wissen muß.

Und seh ich in der Drehung zufällig einen sitzen, der wichtig ist, lach ich lauter, dreh ich schneller. Die ist ganz locker, soll der denken, die hat mich nicht gesehn, sonst wär die nicht so locker, soll der denken, toll, wie die locker ist! Ich dreh und lach und dreh, aber am Ende drückt der wichtige Blick von unten doch 's Kreuz durch, ich mach den Kratzfuß, Handstand, Kopfstand.

Du bist zu früh, sag ich zu Wieland, erst kommt die Hofgesellschaft, danach mein Monolog, vor eins bist du nicht dran.

Stell dir vor, du sitzt auf einer Bank im Winter, du hast den ganzen Tag in fremden Eimern gewühlt, schreit er mich an, deine Nägel sind geplatzt, weil du beim Wühlen gescharrt hast, davon hast du um dich herum volle Plastiktüten für den Winterrest. Warst eingeschlafen auf der Bank, schreit er, bist aufgewacht, hast Hunger, willst was essen, da sind die Tüten leer, Diebstahl, geklaut, geraubt, ich bin geraubt, schreist du. Die da, schreit er und zeigt auf Zara, Amsel, Hanz und Franz, haben meine Tüten ausgefressen. Die dümmsten Hasen werden satt, und ich? Ich bin geraubt, schreit er, läuft auf die Hinterbühne, wo der Dom steht, die Bischofszelle und der Rheinfelsen, und kommt nicht wieder.

Klaus kommt, friert auch. Kaffee, heiß, Pappbecher wärmt die Finger, beult, bricht, macht
krack zu laut. Er hockt sich zu mir, lacht, wie
die Jungen lachen, wenn sie was wissen, was
sonst keiner weiß: Er ist geraubt, lacht er, ich
bin geraubt, so leer wie tot, lacht er, Mundraub
und Brautraub. Er macht die Augen zu. Man
sieht mich an, sagt er, und denkt: der Klaus.
Und weiß doch eben eines nicht von ihm –
Was?
Der Klaus liebt.
Die mit dem Nachttisch kommt, sieht mich,
sieht mich nicht, stellt sich bei den andern in
der Bühnenmitte auf, ist geschwollen im Gesicht, hat sich die Nacht Kissen draufgetürmt,
das kenn ich, dann merk ich nicht die Tränen
laufen.
Die in der Bühnenmitte drehn und drehn, der
Regisseur ist noch nicht da, und sonst sitzt keiner unten, für den mehr Akrobatik lohnt.
Die Maria sitzt in der siebten Reihe, die Assi-
stenten in der neunten, wo Flori saß, vor einem
Jahr hat er da noch gesessen. Wenn ich sehe, wo
er nicht mehr sitzt, steht sein Umriß auf, läuft
durch die Reihen nach hinten zu den schlechten
Plätzen, wo man nichts hört und sieht. Ob er

auch zu C. ans Bett läuft? Vielleicht schläft die nicht allein. Ob ihn das noch stört?

Der gestern Abenddienst gehabt hat, kommt heute auf die Bühne, der Regisseur sei krank im Bett.

Die Liebe, sagt Franz.

Nein, ihr Vollzug, sagt Hanz. Er steht doch schon seit Wochen in der hohlen Gasse, wenn Wieland dran ist.

Liebe macht krank, sagt Franz.

Und Wieland, fragt die, die den Nachttisch hat.

In deinen Nachttisch guckt der nur, wenn Vollmond ist, sagt Franz.

Aber ich, will die sagen, aber dann läuft sie. Durchs Treppenhaus in die Garderobe, ihre, meine, man wirft sich aufs Bett, auf den Bauch oder reißts Fenster auf. Sie wird am aufgerissenen Fenster stehn und auf die Straße runterheulen. Ich heule, wird sie denken, statt weinen heule ich, ich heule immer mehr, und es ist lange her, wird sie denken und sich den Reim wiederholen, daß ich geweint habe. Und dann wird sie sich fragen, ob sie sich runter in den Straßendreck, St. Georg ist ein Straßendreck, stürzt oder springt. Wird vor sich sehen, wie der Körper aufschlägt, hören, wies knallt, sehn wie er zuckt, klafft. Klafft überall so wund wie zwischen ihren Beinen vom Warten und von den harten Dingern aus dem Nachttisch. Wird sehn, wie graues Zeug aus ihr raus, graues und gelbes, gar kein rotes. Ein bißchen Rot muß sein, wird sie sich sagen, aber es kommt ihr nicht ins Bild von sich. Ich brauch es schon ein bißchen rot, wird sie sich sagen, das Fenster schließen, wieder auf die Probe kommen, fünf Stunden stehn und warten, daß sie einmal den einzigen Text sagen darf, den sie hat: In Irland soll es einen geben, der den Frauen vorkommt, die in die Wälder laufen. Wenn sie ihn hören, sind sie verloren, denn sie sterben vor Sehnsucht nach dem, was der Mann von der Liebe verspricht.

Der Regisseur ist krank im Bett, nicht liebeskrank, sagt Amsel, krank von der Vorstellung, daß seine Lore Lay noch zwei, drei Meter schwimmt, japst, strampelt und dann absäuft, daß seine Lilofee untergeht, eh sie rauskommt, und daß die dritte Zauberfrau, die große Unbekannte, im Strudel, den die beiden ersten machen, wortlos versinkt.

Aber Wieland?

Kann nicht mit dem, kann nur mit denen, die das Messer in der Hose wetzen, die Jungs sind eisern, eine feuchte Seele hinterläßt da keine Schneckenspur, die sticheln, bis der eine kommt, der sticht.

Der Jack, sagt die Maria deutlich in der siebten Reihe und zieht die Schals enger in der Kälte, in der sie friert.

Die auf der Bühnenmitte drehn und reden, die Stimmen laufen ineinander: Wenn einer heut nicht stirbt, dann ist er morgen tot oder verrissen oder Intendant geworden.

Drehn aus und stehen still. Dann gehn sie, wollen nicht ohne Regisseur probieren, brauchen ihr Publikum, sonst setzt die Gefahr nicht ein, keine Kritik, kein Urteil.

Du kannst nicht hintenrunterfallen, kein Halsund Beinbruch. Wenn du Profi bist, bist du gewohnt, in zwanzig Meter Höhe ohne Netz zu tanzen, dann kannst du dir einen Meter überm Bühnenboden den Todessturz nicht mehr vorstellen, dann hast du Grund zu gehn.

Es ist halb elf, wenn jetzt keine Probe ist, wird der Tag lang und so dünn wie eine Schnur, am

Abend ist Vorstellung, bis dahin kann ich ihn mir um den Hals wickeln.

Kann in den Nonnenstieg zurück, ins Bett, habe ein Bild von ihm, das kann ich ansehn, habe ein Armband von ihm, das kann ich anziehn. Kann durch die kalte Eisstadt einen Badeanzug kaufen, für wenn ich niemals mit ihm schwimmen geh, kann wie die Frau im Film durch Paris gehn und am Jungfernstieg stehnbleiben: er kommt nicht mehr, was soll ich weitergehn. Wenn die im Film stehengeblieben wäre, wäre der Film nicht weitergegangen, und dann hätte die Frau den Mann nicht erschossen, dann wäre jetzt sie tot und nicht er.

Aber vielleicht kommt er doch wieder, und dann steh ich als Säule am Jungfernstieg und kann ihn nicht mehr fühlen, auch wenn er noch so sehr kommt. Oder er kommt am Abend, und ich habe mich im Bett mit Bild und Armband durch den Tag geschlagen und verwickelt in der dünnen Schnur davon, und da steht er da, als wär er gestern weg und habe seither zweimal angerufen, nachts mit der Hand am Hörer, die Hand, die streichelt hin und her, und morgens die tiefe Stimme für mich aus dem Schlaf gegraben. Und da greife ich mir am Ende doch noch den Revolver aus der Luft. Aber was, nicht im Traum, sogar da schlägt mir jeder kleinste Ritz an ihm große Wunden. Nein, nur ein bißchen beengt durch die Schnur würde ich auf ihn zu, der eine Arm wäre abgeschnürt, aber der andere könnte alle Stellen an ihm finden und meine braunen Augen würden blau davon. Komm rein, würde ich sagen, und kein Wort von der ganzen langen Schnur der dünnen Tage. Er würde einen großen Schritt mit langen Beinen tun und einen Griff bloß mit der einen Hand, und die Schnur wäre zerrissen, und die Abendvorstellung würde ich vergessen.

Aber wenn er nicht kommt, bleib ich lieber hier und halte Monologe.

Die mit dem Nachttisch kommt zurück, will auch nicht heim. Die Maria bleibt unten sitzen, Klaus setzt sich zu ihr. Die mit dem Nachttisch macht sich in der ersten Reihe klein.

Der Vorhang geht zu, damit er aufgehn kann für meinen Monolog.

Am Anfang war der Monolog, da war noch alles wahr, und als das Wahre vergessen ging, kam der Streit, und als das Wahre vergessen war, war der Streit die Wahrheit geworden. Da wurden die wahren Tragödien umgeschrieben und der Monolog vom Dialog glänzend, fechtend über die letzten Grenzen der Menschheit, der Gesundheit getrieben. Seither kommt er von dort herüber, wo sie den Wahnsinn vermuten, das Selbstgespräch der Liebenden, die mit dem Tod zu reden haben.

Ich stell mich an die Rampe. Die Lilofee ging oft zum Meer hinunter, und wenn sie den Wellen zusah, kirchturmhoch, sann sie nach, ob darunter Kirchtürme verborgen sind, ob unten alles ist, was oben nicht ist, ob die Träume unter Wasser fest und greifbar sind und ob am Anfang, als alles gut und voll mit Liebe war, die Welt voll Wasser war.

›Es freit ein wilder Wassermann‹, das Lied von der Lilofee habe ich vor zwanzig Jahren im alten Treppenhaus gesungen, wo es hoch war und der Hall eine schwere Glocke. ›Des Königs Tochter mußt er han.‹

Durch das Fenster aus vielen Farben floß das Licht in die Zukunft. Habe von dem Lied geweint und vor dem großen Ganzen, was mir damals noch tief in den Liedern und den bunten Glasfenstern feststeckte. Das Ganze ist sehr groß, hab ich gewußt, und die Lieder und Geschichten von den armen Mädchen, die so gehn, daß sie Königskinder werden, sind voll davon. Ich habe das Lied von der Lilofee laut gesungen und sehr geweint, und dann das von der Lore Lay und dann das von den Königskindern. Und vor dem Ganzen ging alles Halbe weg, und ich war ganz offen für die ganzen großen Geschichten.

Wer offensteht, hab ich gewußt, kommt sich wie leer vor, wenn er älter wird, wer sich wie leer vorkommt, verfällt, Ruine. Da bist du nicht zu füllen und zu schließen mit einer großen Geschichte von dir oder zwei, hab ich gedacht, ich wüßte. Und mehr davon als eine oder zwei kriegt keine, habe ich gewußt.

Und dann, weil meine junge Mutter schön war und beim Theater war, wo sie noch schöner war, und weil sie voll von den Geschichten war, die einen füllen und verschließen, daß man nur noch nach innen sieht, weils da so glänzt, zog ich mir ihre Bühnenschuhe an und ging auch zum Theater.

Ich friere, warte, daß der Vorhang aufgeht. Mein Monolog, die Wörter stehen vor mir fest. Wieland ist weg, sonst würde er sagen: Verschluck die Wörter, die du vorne hast, vergiß, daß du von heute nacht noch frierst, stell dir nichts vor, dann kommen die Bilder, dann nimmst du auf, was nicht mehr ist, und dann entsteht, was noch nie war.

Wär mir aber immer noch kalt und stünde die Vorstellung immer noch bei den Worten herum und die Worte immer noch vor mir fest, harte Schriftzeichen, schwarzweiß, würde er sich eng mit mir zusammenstellen, daß kein Amsel und keine Zara Wind davon bekämen, was er mir jetzt sagen würde: Alles ist aus demselben Stoff gemacht, du und er, ich und meine Worte, der Stoff ist Illusion, wenn du einen Zipfel von ihm zu fassen kriegst, kannst du ihn weiterweben, einen Ballen nach dem andern, ganz extreme Farben, Lagerhallen voll.

Der Vorhang geht auf, das Licht im Zuschauerraum ist aus, vor mir ist Schwarz, mein Monolog.

Wie war jetzt die Geschichte von der Frau, die noch keine war, als der Mann auftauchte, der sich mit Mädchen auskannte und sie zur Frau machte? Sie hieß Lilofee und ging mit dem Mann in sein Wasserschloß, bekam sieben Kinder, wurde dick und war nachts müde, schlief tief und merkte nicht, wenn der Mann aufstand, ging und erst am Morgen zurückkam. Aber einmal, in der Nacht, das siebte Kind lag im Fieber, schreckte sie aus dem Schlaf, denn sie hatte ihr inneres Ohr offen für das Kind, sah den Mann aufstehn und davongehn, blieb wach und wie ein Stein im Bett. Die Wasseruhr schlug jede Stunde ein Jahr, ihr Haar war weiß geworden, als der Mann am Morgen zurückkam. Als er dann neben ihr lag und dann schlief, stand sie auf, ging in die Küche und fing mit dem Messerschleifen an. Sie schleifte und schleifte und vergaß, schleifte ein Jahr und dann zwei und dann drei.

An einem Sankt Nimmerleinstag taucht der Mann in der Küche auf, und sie findet ihn groß und schön, denn sie hatte ihn vergessen.

Kapierst du denn nicht, du hast mich mit sieben Kindern sitzenlassen, und ich durfte deine Arztrechnungen bezahlen.

Sie glaubt ihm die Geschichte nicht, meint, der schöne Mann macht Faxen.

Guck dich doch an mit deinem weißen Zopf, meinst du, der sei von selber weiß geworden?

Ach, weiß, denkt sie, der ist verrückt, denkt sie,

aber schön, denkt sie, aber hilflos mit sieben Kindern. Welche Verrückte hat den sitzenlassen, denkt sie, und sieben Kinder im Stich. Er ist schön, denkt sie, und wie er mich braucht.

Komm, sagt er, und sie folgt ihm.

Liebe, denkt sie, und nimmt die sieben Kinder auf sich, bekommt noch sieben dazu, wird dick und nachts müde, schläft tief und merkt nicht, daß der Mann aufsteht, geht und erst am Morgen zurückkommt. Aber einmal, in der Nacht, das vierzehnte Kind liegt im Fieber, schreckt sie aus dem Schlaf, weil ihr inneres Ohr offensteht.

Da ruft die Maria von unten rauf: Kind, was ich dich immer fragen wollte, wenn ich dir bei den Proben zuseh, hast du denn schon mal einen richtigen Wassermann? Hast du nicht, ruft sie und kommt hoch – und wenn du hast, dann hast dus nicht gemerkt, sonst stündest du nicht auf dem Trockenen, müßtest nicht warten, wärst längst ein Fisch, würdest hier Wellen schlagen, könntest zu ihm schwimmen.

Schauspieler hören Kritik nur halb, wenn andere dabei sind, das offene Ohr wird sofort wund. – Sonst bin ich locker, je härter die Kritik, je lockerer bin ich, ich könnte steppen, wenn ich steppen könnte, da dreh ich eben, fang gleich beim ersten Wort Kritik zu drehen an, dreh mich ganz locker auf die Spitze, den Absatz ramm ich in den Bühnenboden, ganz locker führ ich allen vor, daß die Kritik nicht stimmt, deshalb nicht trifft, mich überhaupt nicht trifft, daß ich Wassermänner über Wassermänner.

Ich lass die Arme baumeln, die sind zu lang und werden steif, ich baumle steife Arme. Die unten sitzen, müssen sehn, daß ich ganz locker bin, auch wenn das wunde Ohr von der Kritik schon tropft, ich fang die Tropfen in der Luft ganz locker, ich lache, das Lachen fällt mir runter, soll ich mich danach bücken? Da könnt ich meinen Kopf zwischen die Knie und meinen Mund verstecken, der zuckt mir weg, ich zuck die Schultern, die Schultern zucken, stimmt, ich kann nicht schwimmen, ich kann den Kopf nicht über Wasser halten, stimmt alles, alles trifft und alles zuckt, wenn ich nur steppen könnte!

Aber die Maria spricht weiter: Wassermänner kommen und gehn. Sie jagen aus der Tiefe hoch, scharren die Wellen weg, kommen über dich, Kopf aus Feuer, Herz aus Luft, Brust voll Algen, Seetang, kleine Fische – es ist zum Ertrinken.

Die Ertrunkenen verschleppen sie in ihre Paläste, höre ich die Maria, die böse Fee, da schwimmen sie bleich in den Fenstern mit Wasseraugen nach dem Mann.

Er kommt und geht, hör ich sie weitersprechen, die böse Fee ist ohn Erbarmen, und wenn er weg ist und du wach bist, sind deine Tränen salzig, stimmts?

Sie schubst mich an den Wasserrand.

Wasser, Wasser. – Alles, was ist, ist aus dem Wasser gekommen. Am Anfang war Finsternis in Finsternis versteckt. Da riß ein Loch, da floß Wasser, da ging Finsternis unter und Mond auf. Der wurde rund und stieg, und das Wasser fiel, so kam der Himmel über die Welt, so sagen es die Fische, meint die Maria.

Hier stehst du auf vertrautem Bühnenboden, kennst dich in den Kulissen aus, aber drüben tobt der Sturm, sagt sie, und schubst mich rüber.

Es hängt von uns ab, was wirklich ist, hat Wieland gesagt oder meine junge Mutter oder die Maria oder wer.

Wasser, Wasser. Wasser über dem Himmel, Wasser unter der Erde. Dazwischen ist die fremde Luft, ich atme, übernehme das Fremde.

Steh am Strand, und der Wind reißt mir den Kopf weg von dem Blick, den ich will. Der Wind treibt zum Land, und ich will aufs Meer.

Wo mit jeder Welle was näher kommt, was, wenn es bei mir ist, nichts war, oder wie? Fass ich die Welle an, läuft sie mir als Wasser durch die Finger wohin weg?

Was kommt, ist die Flut mit Kopf, Hals und Schultern.

Was ich sage, ist mein Monolog. Die Wörter gehen los, ihr Rhythmus schlägt auf den harten nassen Sand.

Der Mann kommt auf mich zu, ich streck mich nach ihm aus. Kommt er?

Wieland kommt. Das Wasser läuft zurück, wird eingezogen von Wielands Mund, der Strand von hier bis da ist leer und glatte Ebbe, der Mund ist groß, er schluckt die letzten Wellenkämme vom Horizont.

Der Mund spricht, ich schlag ihn zu. Ich will nichts hören, sage ich dem Mund, geh weg, verschwinde.

Die Faune und die Nymphen an den Rängen und Balkonen zischen, die Räder des Sonnenwagens fangen an zu drehn, der Wagen fährt, die Nymphen steigen auf, die Faune schieben, ziehen.

Wieland geht, die mit dem Nachttisch kommt und will mich schlagen.

Schlag mich doch, das tut vielleicht gut. Aber da läuft sie Wieland nach, daß der nicht weg ist.

Die Maria kommt mit einem Handtuch, trocknet mich ab, bringt mich in meine Garderobe, zieht die Pritsche aus, holt das Kissen und die Decke. Leg dich, sagt sie, bettet mich, zieht die Vorhänge vor St. Georg, setzt sich auf meinen Stuhl zu mir.

Aber wenn er anruft. Und die Post wird im Nonnenstieg auch zweimal ausgetragen. Am Nachmittag kann immer noch was kommen.

Du hast zuviel Wasser von dem Mann geschwitzt, sagt die Maria, du bist erschöpft, dein Monolog ist aus, jetzt schlaf, es ist schon drei, am Abend hast du Vorstellung.

Schon drei! Daß ein Monolog so lange spricht. Sprechen und warten, geht alles schnell vorbei, obwohl es lange dauert. Auf meinem Ledersofa warte ich ein Jahr schon oder zwei, hier im Theater ist es drei, ist jetzt alles vorbei? Hab ich zu viel gewartet und zu lang gesprochen? Kommt er nicht mehr?

Die Maria sagt: Du warst gut. Wenn ich jung wär, würd ich dich vergiften. Ich habe mal, sagt sie, da war ich jung, die Jüngere – ich bin so müde von der fremden Luft und von der Nacht, ich halte mich mit meinem Blick noch eben an der weißen Nase der Maria fest – vergiftet, habe ich gedacht – seh ich sie unter ihrer Nase sprechen –, Gift, habe ich gedacht, das dampft. – Mein Blick fährt zwischen ihre weißen Zähne und stochert da, was raus kommt heißt: Der Dampf hat die Jüngere umgebracht, ich habe ihn in ihre Garderobe geschleust mit Hilfe von langen Rohrgedanken, durch die ich ihn unbemerkt blasen konnte. Sie war zu jung mit ihrem roten Haar, dafür hat sie gebüßt. Dann hab ich mir ihr Rot ins Haar gefärbt und bin so jung wie sie geworden. Und kann nicht aufhörn mit dem Jung, das Jung fährt ständig in die alten Knochen, dann fahr ich hoch, muß rennen nach dem Jack, daß der mit seinem Messerstich das aussticht.

Ich höre, wie meine Zunge sich ans R von der Maria hält, daß sie nicht mitrutscht in den Schlaf, wo schon der Film abläuft:

Hör zu, Milord, sage ich im Zentrum von Paris, in der Mitte der Wohnung, ich muß gehn, Mister, ich muß jetzt weg.

Aber er reißt sich kein Bein aus, um mich aufzuhalten. Er steht im Bad und läßt die Tränen in den Spiegel laufen.

Mister, sage ich und will einen großen Arm machen und ihm anbieten, aber ich trau mich nicht und sage statt dessen: Ich würd jetzt gerne einen lieben Namen zu dir sagen.

Er hängt den Spiegel zu und sagt: Ich heiße nicht.

O. k., o. k., sag ich und mache die Reißverschlüsse von den Stiefeln zu.

Willst du meinen wissen, frag ich, weil ich meine, wenn er meinen hört, sagt er mir seinen, weil ich meine, daß er doch jetzt, nach ein oder zwei Jahren wissen will, wie das klingt, wenn ich heiße. Sonst, denke ich, mach ich die Stiefel endgültig zu.

Keine Namen, keine Adressen, keine Geschichte von dir, schreit er.

Aber ich weiß deine Geschichten, schreie ich, ich habe in deinen Taschen nachgesehen.

Keine Fragen, keine Forderungen, keine Verabredungen, schreit er.

Du warst Boxer, Jäger, Schlittenfahrer, schreie ich.

Schluß, schreit er und rennt auf den Balkon.

Warum gehst du immer und wann kommst du wieder?

Aus, schreit er draußen und krümmt sich.

Wenn du Probleme hast, kann ich dir vielleicht helfen!

Frauen, sagt er und tut eine Zeitung über sein Gesicht legen, gehn mir auf die Nerven, entweder sie behaupten, sie wüßten, wer ich bin, oder ich wüßte nicht, wer sie sind.

Ich liebe dich, sage ich noch leiser.

Da fängt er, glaube ich, an, mich zu hauen. Hör doch auf, sage ich und ziehe die Stiefel endgültig aus, glaub mir doch, wenn ein Film nach fünfzehn Jahren, oder wann ist der gedreht, immer noch gut ist, haben wir eine Chance oder zwei. Nimm das Tuch vom Spiegel, schau, das sind wir, wir haben beide was zu heulen, das ist klar, aber weiter unten stehn meine Brüste und deine Brust, wenn du die endlich aufmachst –

Niemand glaubt an das Scheißherz, sagt er.

Mann, ich versteh dich doch, bei dir ist viel gelaufen mit den Frauen und auch sonst, aber mir brauchst du die Brust nicht immer wieder vor der Nase zuzuknallen oder zu gehn, wohin du nicht willst, ich tu dir mit keinem Leid weh. Komm mit mir auf die Matratze, da kannst du weinen, und ich halte dich, bis du mir glaubst, denn ich habe die Stiefel jetzt ganz ausgezogen.

Aber wie er schon kommen will, klingelt ein lautes Telefon in der dunklen Ecke, er stoppt, geht hin, hebt ab. Die Wohnung ist leer, es ist niemand hier, in dieser Wohnung wohnt niemand, sagt er und verläßt mich, geht in zwei verschiedenen Richtungen ohne Gruß ab.

Und ich muß weinen, weinen, weinen, mein Kissen wird ganz naß. Und der kleine Klaus kommt mit vorgeschobenem Kopf vorsichtig durch die Tür.

Was ist los?

Ich muß lauter weinen.

Liebe, oder was?

Ich kann nicken trotz Weinen.

Andere Frauen, oder wie?

Andere Frauen? Hab ich denn noch nie daran gedacht, daß er andere Frauen? Nein, nein, hab ich nicht.

Also warum weinen?

Weil er immer geht, wenn er da war, weil ich nie weiß, ob er wiederkommt, weil ich ihn lieber immer wieder weggehn ließe, als daß er nie mehr wieder wiederkommt, weil mir bald alle Zähne ausfallen und alle Haare und die Finger und die Zehen ab vom Warten.

Worauf wartest du? Liebe dich, weil du liebst, mach dich schön, denn du liebst, kauf dir Blumen, schmücke dich mit Blumen, du bist es, die liebt, schau dich an, laß keinen Spiegel vorbeigehn, du bist schön, weil du liebst, singe, tanze, gib dir Feste, worauf wartest du, feiere, daß du liebst.

Kleiner Klaus, sage ich.

Nix, sagt der, nix, ich weiß, wovon ich rede. Seit ich lieben kann, hab ich mich umgesehn nach einer für meine Liebe, du hast keine Ahnung, wo ich deshalb überall hingesehn habe. Die Liebe war groß da, ich hab sie warten lassen, da ist sie schlimm geworden, und neulich fing sie an zu gären, wär beinah umgeschlagen wie Milch in sauer, da hab ich Halt gesagt und aufgehört zu suchen, ich hab die Liebe zugelassen, so, und jetzt liebe ich.

Wen?

Niemand. Das ist schwerer als bei dir, weil ich die Liebe nicht auf ein festes Bild tun kann, weil das Bild dafür nicht feststeht, sondern schwimmt und fliegt.

Aber es gibt doch auch die zwei, die sich so lieben, daß sie von Anfang bis Ende auf des anderen Seite gehn.

Weiß ich nicht, glaub ich nicht, hab ich nie gehört. Sogar die Dichter hören auf zu erzählen, wenn zwei sich gefunden haben, denn dann wirds langweilig, dagegen hat noch keiner eine Hoffnung gedichtet.

Doch, sage ich.

Nein, sagt Klaus.

Doch, sage ich.

Die Garderobiere kommt, macht Licht, ein kleiner Schrei, sie sieht uns auf den Pritschen sitzen. Es war schon lange dunkel, sie war erschrokken: da sitzen zwei im Dunkel, Gespensterpaar und rührt sich nicht, hat rote Augen, hohle Wangen, der Blick ist stier, es atmet kaum.

Der kleine Schrei, dann hat sie Gutn Äbend gesagt, weit weg geguckt, das rote Kleid an den Haken gehängt und gegangen.

Dann ist der Klaus gegangen. Ich bin auf der Pritsche sitzen geblieben, weil, ich konnte noch nicht auf. Dann ist die erste Durchsage gekommen: In einer halben Stunde beginnt die Vorstellung, dann habe ich das rote Kleid angezogen, das Mädchen von der Maske hat mir die Perücke aufgesetzt, ich habe mir die Augen und die Lippen angemalt und dann nach der von der Garderobe gerufen, daß die mir das Kleid hinten zuhakt, da war die grob dabei. Ich habe sie gebeten, mir in der Pause einen Piccolo zu bringen und zwei Frühlingsrollen vom Chinesen nebenan. Der Geruch nach den Frühlingsrollen vom Chinesen nebenan zieht durch die Schächte. Ich hatte nichts gegessen heute.

Dann kam die zweite Durchsage, um fünf vor bin ich runter auf die Bühne. Ich dachte: vielleicht sitzt die Maria wieder hinter der offenen Tür. Aber die Tür war zu.

Auf der Bühne stand Wieland. Ich hab ihn ja geschlagen, auf den Mund. Er hat einen Hof wie der Mond, es wird Regen geben.

Du bist zart, Wieland, und blaß, hab ich zu ihm

gesagt, wollte mit meinen Worten den zuge-
schlagenen Mund öffnen, daß er wieder spricht
und sagt: Du Liebe.

Aber er sagte: Schlag hart und echt zu, keine
Konzessionen, Fräulein, ich verachte Bühnen-
blut, sterben soll jeder richtig jedesmal, denn es
geht hier oben darum, den notwendigen Men-
schenaufstand gegen die Gesetze des Schicksals
zu organisieren, die da heißen: Unglück ist be-
ständiger als Glück, und Liebe endet. Die Sache
ist todernst, echte Schläge bitte, daß die da unten uns den Ernst heilig abkaufen, damit sie
nach der Vorstellung hinaus in alle Welt gehn
und sich weigern.

Jakob ist krank, du mußt heute abend ohne
deinen dritten Ritter auskommen, sagt mir der
Inspizient.

Er liegt vergiftet in den Armen seiner Frau, aber
trinkt weiter ihre saure Milch, und das Aufsto-
ßen wird immer stärker, sagt Hanz.

Dann ging ich auf meinen Platz, da war es laut,
warum?

Sie haben den Zuschauerraum mit Schülern
vollgestopft, zwanzig Klassen, Freikarten für
die Lehrer, zwei Mark pro Schülerkopf, sagt

Klaus, mein Ritter hinter mir. Der Senat riecht Blut, die Lefzen werden lang und länger, noch mal so was wie gestern abend und die nehmen uns in die Hand, drücken uns ab, weiden uns aus, fressen, was sie von uns kriegen, stopfen sich süchtig voll mit uns, wollen sich mit unsern bunten Bildern füllen, das furchtbar rote Herz von der Lay wird akribisch zerschnitten und unter die trockenen Herren verteilt, jeder schluckt sein Stück und erhofft sich noch ein paar Sommertage, schreit er, damit ichs höre.

Dann kam die Musik, dann ging der Vorhang auf. Dom und Frühlicht, Mönchsgesänge, johlende Schüler, was ich sagte, habe ich nicht gehört, es wird mein Text gewesen sein, denn er lag mir auf der Zunge, was draußen daraus wurde, weiß ich nicht, ich habe nichts gehört. Dann war Wieland dran. Ich konnte ihn nicht hören, die großen Lippen bewegten sich lang und breit, die Adern traten vor, er schien zu schreien, der heiße Atem schoß und schoß mir ins Gesicht.

Sie johlen, ziehen Röcke und Hosen hoch, schlagen sich die nackten Schenkel, daß es klatscht.

Keiner konnte hören, wie ich sagte, komm! ich will dich nur noch einmal sehen. Dann fahre ich an einen Strand, baue mir eine Hütte aus Sand, setz mich rein und warte auf Sturm. Wenn der kommt, mache ich den Mund auf.

Dann war meine Pause, ich rannte in mein Mauseloch. Zwei Frühlingsrollen und ein Piccolo, kein Tee, ich hätte gerne einen Tee getrunken.
Die Gedanken lungern, hängen sich an allen überflüssigen Nägeln der Garderobe auf. Seit 1900 haben sie hier Nägel in die Wände gekloppt, nie hat einer welche rausgezogen.

Dann war meine Pause zu Ende. Mein Felsenmonolog. Der bloße Anblick von mir genügte, daß die unten wieder zu johlen anfingen. Noch eh ich sprach, schmissen sie mit harten Drops. Hagel, dachte ich und duckte mich und hielt die Hände übern Kopf. Ich suchte nach Worten, die hierher gehören konnten. Du, sagte ich mir, und schwarze Flecke rauschten vor, die Tag um Jahr in mir herumgeirrt waren. Du, fing ich an zu schreien, die schwarzen Flecke brachen aus und gingen hoch, die Explosion ging in die Luft und knallte, keiner hörte was, sie johlten immer lauter. Im hellsten Licht von dem Knall stand ich und schrie du und du. Mit deinen beiden Stellen, schrie ich, daß ich die beiden Stellen unter deinen beiden Schultern meine, weißt du nicht, schrie ich, die beiden Stellen, wo die beiden Arme anfangen, die beiden Stellen, die unter den breiten Schultern und neben der breiten Brust so zart stehn, daß ich sie gern beschützen möchte, damit ihnen nie was von außen passiert, die beiden Stellen mache ich zu meinen beiden Stellen, und davon weißt du nichts und siehst mir auch nichts an davon, wenn dein Hemd weg ist, wenn du auf deinem Stuhl sitzt, der gegenüber von meinem Stuhl steht, auf dem ich sitze. Du sprichst, und ich höre dir nicht zu, weil ich mich frage: wann zieht er sein Hemd wieder über die Stellen, weil ich mir sage: wenn er gleich wieder sein Hemd über die Stellen zieht, geht er gleich wieder, weil ich mich noch nicht wieder frage, wann du dann wieder wiederkommst, weil ich die beiden Stellen sehe und mir sage: daß ich die beiden Stellen von ihm kenne, das macht mich stark und deshalb brech ich jetzt nicht um. Sondern steh aufrecht auf dem Rheinfelsen und weiß noch mehr: einen

Ausdruck aus deinem Gesicht, ein, zwei be-
stimmte Töne deiner Stimme, eine Bewegung
deiner Hand mit den vier Fingern und dem
Daumen, den du hast. Ich nenne alle, die ich
weiß, und fortan heißen sie nach mir, und keine
andere Frau oder wer kann sie auch nennen.
Aber vielleicht nennen andere Frauen, die du
vielleicht kennst, andere Stellen, die mir entgan-
gen sind. Und ich hab meine vierzehn Tage
nicht gesehn, kein Telefon, kein Brief beim
Pförtner. Ich steh allein auf dem kaschierten
Felsen, unten johlt der trübe Rhein und die Fische schmeißen mit harten Kieselsteinen. Meine
Füße stehen hier eiskalt, das Kalte steigt durch
die Beine in die unteren bis in die oberen Or-
gane, das Herz kühlt ab, da könnte man doch
jetzt wahrhaftig springen, und die zwei Ritter
könnten einen auch nicht halten, wo sie die Lay
auch nicht gehalten haben, obwohl damals
noch der Jakob dabei war. Wie geht der Reim
davon?

>   Die Jungfrau sprach: ›Da gehet
>   ein Schifflein auf dem Rhein,
>   der in dem Schifflein stehet,
>   der soll mein Liebster sein!

und dann:

Mein Herz wird mir so munter,
er muß mein Liebster sein!‹
Da lehnt sie sich hinunter,
und stürzet in den Rhein.

Das heißt: Ihr Leib trifft seinen Leib und schlägt sich an ihm tot, der davon auch nicht weiterleben kann, und so kippen sie, während das Schifflein schaukelt, nach rechts oder links übers Geländer ins Wasser und versinken langsam, im Wasser ist alles langsam, bis dorthin, wo das Wasser nimmermehr aufhört. Da wird der Liebste ihr Wassermann, von dem die Maria mir so viel erzählt hat.

Aber weil die Drops immer härter schlugen, trat ich vom Abgrund zurück, und das kalte Herz schlug wieder an, und ich trat noch zwei Schritte weiter zurück, denn wenn ich heute springe, liegt vielleicht morgen ein Brief beim Pförtner.

Der Monolog war zu Ende, der Vorhang fiel, das Johlen wurde rhythmisch, die Drops schlugen an den schweren Samt, würden durchschlagen über kurz oder lang, Löcher im Vorhang, in den Wänden, in den Brand- und Grundmauern, Einsturzgefahr!

Ich mußte hinten am Rheinfelsen mit gerafftem

Rock vorsichtig abwärtsklettern. Harun leuch-
tete mir von unten mit der Taschenlampe, daß
ich die Metallsprossen nicht verfehle und mich
doch noch kaputtschlage.

Dann rannte ich weg, schloß mich zweimal im
Klo ein, drehte den Wasserhahn laut und hielt
mir die Ohren zu, denn ich wußte ja, sie würden kommen und klopfen und rufen und mich
rausholen wollen, auf die Bühne, vor den Vorhang, denn ich war ja die Hauptfigur.

Aber ich wollte still bleiben und mir vorstellen,
daß alle Gefühle enden, daß ich hier bleibe und
die andern tun lasse, und vor mich hin bin, bis
ich von selber aufhöre, ohne Sprung, undrama-
tisch.

Von weitem, durch die zugehaltenen Ohren
und durch das Wasserrauschen hörte ich nach
mir rufen, es wurde geklopft, gehämmert, an
der Tür gerüttelt, ich hatte die Augen zuge-
macht, im Klo war Dunkel, ich war, als wäre
ich nicht, da hörten sie draußen auf, nach mir
zu fragen.

Aber die Gefühle fanden das Ende nicht, obwohl das Dunkel immer stiller wurde, kein
Todbringer stach sie ab, sie bohrten sich nach

unten und nach oben Luft, so tief, so hoch, und rasten rauf und runter.

Morgen suche ich eine andere Wohnung, einen anderen Beruf, ein anderes Theater, ein andres Land in einer andern Stadt, ich schneide mir wie Frida Kahlo die Haare ab, höre auf, mich zu schminken, benutze kein Parfum mehr, daß ich dann anders und von einem andern Punkt aus sagen kann: das hier bin ich, das da bist du. Daß ich mich rings um den Kern von mir gut einrichte oder von dem Pfeil ohne lange Zutaten endlich in Ruhe totgetroffen bin.

Ich machte die Augen auf, nahm die Hände von den Ohren, stellte das Wasser ab, schloß die Tür zweimal auf. Still und dunkel, nur das blaue Notlicht. Ich fand den Weg ins Treppenhaus durch Tasten. Das harte rote Kleid war viel zu lang für die dunklen Treppenstufen, der Kellergang war lang und dunkel, die Tür nach draußen war verschlossen, es mußte spät sein, alle waren fort. Durch ein Fenster stand Mond in der Himmelsmitte. Ich ging durch schwere Feuertüren auf- und abwärts, ich wußte, am Ende von einem Gang sitzt nachts ein Mann mit einem Hund. Das Notlicht wurde immer blauer, ich stieß an spitzen und an stumpfen Ecken an, ich hörte auf, ich legte mich und ließ mich schlafen.

Und da kamen sie alle durch die Gassen. Ich sah sie kommen und sich auf der Bühne sammeln, sie stellten sich in Gruppen auf, die ganzen Bühnenmänner, redeten und tauschten ihre Geschichten aus.
Die meisten kannte ich aus fremden Stücken, nur wenige aus meinen waren da.
Ich sah Leonce mit spitzen Ohren neben der großen, von bestandenen Gefahren gebeugten Gestalt Fernandos stehn. Und einen konnte ich als Liebsten von der Lay erkennen, und einer war mein hoher Herr, der löste sich aus seiner Gruppe und kam als Wassermann zu mir.
Kopf aus Feuer, Herz aus Luft, Brust voll Algen, Seetang, kleine Fische – es ist zum Ertrinken, hatte mir die Maria gesagt.
Ich wollte mich lieber wieder dem Menschenverstand anvertrauen und erwachen, aber da sprach der Wassermann mit dem Mund, den man lange küssen muß, eh er weich wird: Wir sind auf dem Theater, nur hier können wir uns von der Form befreien, in der wir unser tägli-

ches Leben zubringen, denn das Theater ist der Ort, auf den eine größere Wirklichkeit gerufen werden kann. Du hast von der Trommel gegessen und von der Zimbel getrunken, sagen die Eingeweihten von Eleusis, das bedeutet, daß du die Grenzen des Unsinns und des Absurden überschreiten mußt, um zu verstehn, was wirklich ist, um zu begreifen: die Schöpfung ist nach vorne, in die Zukunft offen. Mach was draus, mach dich auf und mach dich glücklich. Du läßt den Mann, den du liebst, auf die Maße eines Fabelwesens anwachsen, gut, gut, die Bäume wachsen in den Himmel, die Sache ist unendlich. Aber vergiß nicht, wahr ist nur die Harmonie, und obgleich dem Anschein nach zwei, sind wir im Wesen eins, so wie das erste Paar. Am Anfang war nur das Eine da, über das kam das Liebesverlangen, und um es zu stillen, teilte es sich in zwei, befruchtete sich und schuf die Schöpfung.

Und dann war das Geschrei groß, die Bühnenmänner gingen in ihre Gassen ab, und ich mußte mich lange besinnen, eh ich wußte, woran mich das Geschrei erinnert. Erst war die Erinnerung wie Schlaf, und dann hatte ich mitten in dem Geschrei geschlafen, war aufgewacht und sah, sie bauen um, und wußte: sie schreien, weil sie umbaun, und wußte: sie bauen um von ›Lore Lay‹ auf ›Lilofee‹.

Und sehe das hochgerutschte rote Kleid, die weißen Beine, und seh mich um und liege auf der Herrenseite und muß über die ganze Bühnenbreite durchs Geschrei durch auf die Damenseite rüber. Auf halbem Weg begegnet mir der Klaus und meint, ich hätte das falsche Kostüm an. Die ›Lore Lay‹ sei erst am Freitag wieder, heute sei Mittwochmorgen, Probe ›Lilofee‹. Wie spät, frag ich. Halb zehn, sagt Klaus. Draußen ist kalt, sagt er, noch kälter geworden, die wilden Schneemänner sind los, nimm dich in acht.

Ich gehe durch den langen Gang zum Pförtner, vielleicht, daß da ein Brief, es ist ja schon halb zehn. Ein Buch ist da, ein Text für mich, das dritte Stück heißt ›Königskinder‹.

Ist Ihnen denn nicht kalt, fragt der Pförtner, denn ich steh im Kostüm im Schnee und friere.

Nein, sage ich, und bleibe stehn und lese, was in dem Buch am Anfang steht:

> Es waren zwei Königskinder,
> Die hatten einander so lieb,
> Sie konnten zusammen nicht kommen,
> Das Wasser war viel zu tief.

Aber ich kann doch schwimmen, sagt er, und wie ich mich umdrehe, steht er hinter mir beim Pförtner vom Deutschen Schauspielhaus am Mittwochmorgen um halb zehn.

Nein, schreie ich und renne, und er hinterher, und der Film läuft ab: Ich will nicht, es ist aus, schreit die Frau und rennt auf die Kirchenallee.

Wenn was aus ist, fängts eben wieder an, schreit er durch den Schnee, der schneit.

Es ist aus, es ist aus, schreie ich und biege in den Steindamm ab.

Es ist aus, naja, schön, schreit er und überholt mich, jetzt fängt es wieder an. Er streckt die Arme aus und versperrt mir den Steindamm.

Ich renne auf den Fahrdamm vom Steindamm, auf die Insel zwischen links und rechts. Der Verkehr von rechts steht, aber der von links donnert, und andersrum kann ich nicht zurück, denn da kommt er schon, und kaum ist er mit dem Fuß da, donnert der Verkehr auch von rechts, und nur die Insel bleibt uns verschont.

Er fragt: Willst du hier auf der Insel mit mir bleiben?

Ich kann nichts sagen, die Luft ist aus, du hast meinen Kopf so lange unter Wasser gehalten, bis die Luft aus war, keine Blasen mehr. Packst mich beim Schopf, ziehst ihn raus und sagst mir ins blaue Gesicht: Willst du hier auf der Insel mit mir bleiben. Oder was sagst du, oder ich, oder wie geht der Film?

Er würde in den Schnee fallen, wenn ich ihn schießen würde, weil ich den Revolver hätte, der weiße Schnee würde ganz schön rot, ich auch, Rot ist gut.

Aber wenn er in den Verkehr donnern würde, von dem Schuß, der knallt?

Du weißt, die Barbiturate und die zwei, drei Abstürze hinter mir, sagt er, die Form war alt und der Inhalt schien mir verdorben. Und fragt noch mal: Willst du hier auf der Insel mit mir bleiben?

Und was sagt sie, eh sie schießt? Nein, sagt sie oder ja?

Nein, schreie ich und renne in den Verkehr.

Mein Gott, gib mir doch eine Chance, dummes

Luder, schreit er und rennt mir hinterher und kriegt mich zu fassen.

Komm, komm, komm, sagt er und schubst mich in was rein, was noch von letzter Nacht offen ist.

Zwei Scotch.

Ich will nicht.

Wenn du mich liebst, trinkst du zwei Scotch.

O. k., o. k., ich liebe dich.

Da fällt mir ein, wie geschminkt ich bin, da fängt er an, mein geschminktes Gesicht zu küssen.

Nein, schreie ich, oder ja?

Er hält mich sehr fest wie noch nie. Und die ganzen Nutten von letzter Nacht starren uns zu.

Nein, schreie ich zum letzten Mal und renne zum letzten Mal, weil ich mich zum letzten Mal losreiße.

Warte, schreit er mir nach, ich muß noch die zwei Scotch zahlen, ich weiß doch, wie der Film weitergeht, schreit er und kommt mit großen Sätzen, aber den letzten Akt schreiben wir so lange um, bis er stimmt.